Von Mutti

Weihnachten 1977

MARGARETE SALLIS-FREUDENTHAL

ICH HABE MEIN LAND GEFUNDEN

MARGARETE SALLIS-FREUDENTHAL

ICH HABE MEIN LAND GEFUNDEN

Autobiographischer Rückblick

VERLAG JOSEF KNECHT · FRANKFURT AM MAIN

CIP-Kurztitelaufnahme der Deutschen Bibliothek

Sallis-Freudenthal, Margarete

Ich habe mein Land gefunden : autobiograph. Rückblick. – 1. Aufl. – Frankfurt am Main : Knecht, 1977.

ISBN 3-7820-0379-9

ISBN 3-7820-0379-9

Gesamtherstellung: Wiesbadener Graphische Betriebe GmbH, Wiesbaden

INHALT

KINDHEIT IN SPEYER
1893–1904

Das Bimmelbähnchen kam von Schwetzingen her und hielt am östlichen Rheinufer, direkt gegenüber dem Dom. Die Passagiere stiegen aus, um dem Schauspiel zuzusehen, wie die alte Brücke aufgezogen und eine Anzahl Boote, aus denen sie bestand, zur Seite gedreht wurde, um die Durchfahrt für einen Lastkahn frei zu machen. Unter den Passagieren stand ein junges Paar, das soeben von seiner Hochzeitsreise zurückkehrte. Für den jungen Mann, ein Speyerer Kind, war die alte Ponton-Brücke nichts besonderes – so wurde sie von den Pfälzern genannt, die noch nicht vergessen hatten, daß das linke Rheinufer vor hundert Jahren französisch gewesen war. Die junge Frau mit den schönen dunklen Augen aber nahm alles in sich auf, den breiten graugrün fließenden Strom, das Brücken-Schauspiel und darüber hochragend über einem Park grüner Ahornbäume den alten Kaiserdom.

Dies also wird meine Heimat sein, dachte sie. Inzwischen hatte sich eine weitere Gruppe von Fahrzeugen angesammelt, und alles wartete, bis auch das zweite Kohlenschiff, diesmal rheinabwärts, hindurchgesteuert und das Loch wieder geschlossen war.

Am winzigen Bahnhof ging unterdessen das Haupt der Familie David, Theodor, mit gemessenen Schritten auf und ab, um seine Kinder zu empfangen. Draußen saß der Fuhrmann-Kutscher der Firma David auf dem Bock seines zur »Chaise« konvertierten Geschäftswagens mit der Aufschrift »C.D.S. – Leder en gros«. Es waren nur ein paar Minuten bis zur Bahnhofstraße $13^1/_2$a, und der Wagen hielt vor einem schmalen hohen Haus aus roten Backsteinen im englischen Stil, das die Davids für ihren ältesten Sohn und seine Frau gekauft hatten. Dort im ersten Stock wurde ich im Sommer des folgenden Jahres geboren.

Meine Mutter hatte gerade ein Jahr Zeit gehabt, um sich in dem kleinen Städtchen umzusehen, die Visiten und Gegenvisiten und entsprechenden Einladungen der zahlreichen Mitglieder der David-Familie zu absolvieren. Das Haus ihrer Schwiegereltern in der Wormser Straße war seit 1824, als mein Urgroßvater Carl (damals Charles) David die Firma gründete, Geschäfts- und Wohnhaus zugleich. Zu meiner Zeit waren im Parterre die »Contore« und dahinter der große Hof mit Anbau, wo die Lederballen angeliefert, sortiert und verladen wurden und wo es überall nach Leder roch. Später wurde dort auch ein Lederwalzwerk eingebaut. Im ersten Stock wohnte die Familie, im zweiten Stock ein Teil des häuslichen und geschäftlichen Personals. Die Namen Carl und Theodor kamen von den Herzögen von Pfalz-Zweibrücken her, für die ein Urahne Hoflieferant gewesen sein soll. Bei meinem Onkel hingen Ölporträts dieser beiden Pfalzgrafen, die sie jenem Ahnen geschenkt hatten.

Vor allem hatte meine Mutter in jenem Jahr Zeit, sich in ihrem Heim einzuleben und eine befriedigende Lebensform mit ihrem um elf Jahre älteren Mann zu finden. Sie hatte durch eine sehr gute, nichtjüdische Pensionatserziehung und eine große französische Verwandtenreise vielerlei Kontakte mit christlichen Menschen, sie las viel, auch in englisch und französisch, sie hatte einen guten Verstand und ihre eigenen Ideen über Liebe, Ehe und das Leben überhaupt.

In ihrem Heimatort Edenkoben, einem kleinen Städtchen am Fuße des Hardtgebirges, hatte es keine große Auswahl an jüdischen Heiratskandidaten gegeben; und so war schließlich der älteste Sohn der Davids aus Speyer zu einem Besuch mit gemeinsamen Verwandten eingeladen und akzeptiert worden. Sie wußte von Anfang an, daß er gut, fein und von vornehmer Gesinnung, aber sehr eigen war, daß er sie vergötterte und sie in dieser Ehe die Führende sein mußte. Vom reicheren Lebensstil in der pfälzischen Hauptstadt war sie ein wenig beeindruckt; ihre eigene Familie, die eine Holzhandlung in Edenkoben mit einem Sägewerk im Pfälzer Wald betrieb und daneben Felder und Weinberge besaß, war rustikaler und einfacher.

Von meinem Vater existiert eine Genealogie seiner väterlichen, mütterlichen und großmütterlichen Familie. Die Herkunft meiner Urgroßmutter, Franziska David, geborene Gernsheim, konnte mein Vater bis zum

Jahre 1630 in Worms zurückverfolgen. Unter ihren Vorfahren war Michael Gernsheim – geb. 1749, gest. 1793 –, als sogenannter »Judenbischof« und Astronom bekannt. Dieser Stammbaum, in kleinen ovalen Photographien in die Zweige eines Baumes gruppiert, hängt bei mir an der Wand.

Ob, wie viele annehmen, die Juden dieser rheinischen Städte ihre Ursprünge auf die römischen Siedlungen am Rhein zurückführen können, ob sie die Nachkommen sephardischer Juden sind, wie mir scheint, wenn ich ihre edlen Judengesichter anschaue: dies alles ist Spekulation und kann wohl kaum bewiesen werden. Sicher ist, daß die erste Generation, die die Enge des Ghettos verließ, sich mit vollem Bewußtsein und Selbstwertgefühl dem freien Strom der Umwelt anschloß. So wie das erstarkende Bürgertum um sie herum begannen sie nach außen zu leben, die Natur zu entdecken, Geselligkeit zu pflegen und künstlerischen Sinn in der Wahl ihrer Einrichtung und Gebrauchsgegenstände zu entwickeln. Die kirschbaum- oder mahagoniepolierten Möbel, die die Urgroßeltern hinterließen, zeigen noch den Napoleonischen Schwan, ebenso wie einige ihrer Silberschalen und die gut verschließbare Zuckerdose; aber die Stühle sind in ihrer soliden Behaglichkeit schon reines Biedermeier. Auf ihren formschönen Wein- und Champagnergläsern sowie auf ihrem blaugold-umrandeten Mokkaservice prangen stolz die Initialen ihrer Namen »CFD«. Die Napoleonische Zeit hatte den pfälzischen Juden Gleichberechtigung und das Recht der Freizügigkeit gegeben, so daß seit 1794 von einem Wiedererstehen der von 1084 bis ins 13. Jahrhundert blühenden, dann mehr und mehr untergegangenen jüdischen Gemeinde von Speyer gesprochen werden kann. Seit 1829 gab es Gemeindestatuten mit Carl Davids Unterschrift als behördlich bestätigter Vorstand neben zwei anderen Vorstandsmitgliedern. Später, nachdem 1837 der Neubau der Synagoge vollendet war, gehörte er zum Synagogenausschuß.

Über meine mütterliche Familie gibt eine Familien-Chronik Auskunft, die das Leben in meinem urgroßväterlichen Hause in einem kleinen Ort, Eppingen im Badischen, schildert. Diese Chronik ist so aufschlußreich, daß Teile daraus hier im Anhang (Seite 166) wiedergegeben werden sollen.

Die Generation der neunziger Jahre, in denen ich meine Kindheitsjahre verlebte, hatte sich – außer Ehrenstellen und den üblichen Gebräuchen bei Brith Mila, Bar Mitzva, Hochzeiten und Todesfällen – weit von echter Tradition entfernt. Weder meine Speyerer noch meine Edenkobener Großeltern führten einen koscheren Haushalt; sie kauften sowohl beim jüdischen als auch beim christlichen Metzger.

Es war eine besondere Attraktion für uns Kinder, wenn wir nach unseren ausgedehnten Rheinspaziergängen am Spätnachmittag zum Tee zur Großmutter kamen und es dort Schinken gab, den sie selbst sehr gerne aß. Der Freitagabend wurde insofern »gehalten«, als er die zahlreiche Familie zu einem großen Essen bei den Großeltern vereinigte. An Segenssprüche und Lieder erinnere ich mich nicht, vermutlich wurden Lichter angezündet, da so viele Kerzenhalter bei mir stehen. »Gefüllten Fisch« habe ich niemals vor meiner Auswanderung gegessen, in Edenkoben gab es an Pessach Matzen neben Brot, in Speyer am Freitagabend »Barches« (»Challoth«) – beides sozusagen als Delikatesse. Ich erinnere mich an keine Seder-Feier, an kein Chanukkafest. Dagegen wurde Weihnachten, so weit ich zurückdenken kann, mit Baum und Geschenken gefeiert, bei meinen Großeltern zusammen mit dem christlichen Personal. Niemand sprach jiddisch, auch nicht im Familienkreise, wo man sich des reinsten Deutsches befleißigte. Und Hebräisch war lediglich – in ashkenasischer Aussprache – die heilige Sprache des Gottesdienstes. Bei meinen Eltern hing während meiner späteren Kindheitsjahre ein Riesenbild der Klagemauer. Es hing im Schlafzimmer und war für mich auch ein Stück aus jener geheimnisvollen Welt. Die dunklen, bärtigen Gestalten hatten etwas Faszinierendes, und namentlich ein belockter Jüngling mit träumerischen Augen hatte es mir angetan. »Es ist Jerusalem«, sagte mein Vater. Er amüsierte sich über die Schwärmerei seiner Tochter für den melancholischen Jüngling. Trotz der vielen täglichen Spaziergänge meiner Kindheitsjahre kam niemand auf die Idee, mit mir die »Mikweh«, ein jüdisches Ritual-Bad aus dem 11. Jahrhundert anzusehen. Ich lernte dieses einzigartige Denkmal jüdischen Lebens aus der Vergangenheit erst 1951 bei einem Besuch kennen.

Meine Eltern beschlossen vor meiner Geburt: »Wenn es ein Junge sein sollte, wird er getauft, wenn es ein Mädchen wird, ist dies nicht nötig, wir werden dann später entscheiden.« Dies war nicht ganz so utilitaristisch gemeint, wie es klingt. Denn meine Eltern machten es sich nicht leicht. Sie waren stark beeinflußt vom Geist der damaligen Zeit, sie hatten aufklärerische Autoren wie Häckel, Drews, Strauß, Ostwald, Förster und die Sozialisten gelesen, und ihr Protest war nicht so sehr gegen das Judentum als gegen jede Religion überhaupt gerichtet. Religion und alles, was damit zusammenhängt, schien ihnen eine geistige Umnebelung.

Es wurde ein Mädchen, das offiziell als Margarete Sophie, Tochter des jüdischen Kaufmanns Robert Samuel David und seiner Frau Elisabet Luise, geb. Hirsch, im Standesamtsregister figurierte. Zu Hause aber war ich die »Gred« und blieb es mein Leben lang.

Als ich zwei Jahre alt war, wurde ein weiteres Kind geboren, aber der kleine Junge kam tot zur Welt und kostete meiner Mutter beinahe das Leben. Eine Kaiserschnitt-Operation, Professoren der Heidelberger Universitätsklinik, Untersuchungen und Conzilien, ein siebenmonatiges Krankenlager zwischen Leben und Tod, Diakonissen zur Pflege – dies alles spielte sich in der Primitivität eines häuslichen Schlafzimmers und eines holzbeheizten Badezimmers daneben ab. Der »Onkel Doktor«, Bruder meines Großvaters, ein einfacher

Landarzt, aber mit medizinischer Intuition und straffer Pflegedisziplin, rettete ihr Leben.

Mir bekam diese aufregende Zeit natürlich nicht. Von meinem Vater und sämtlichen Verwandten entweder verwöhnt oder angefahren, wurde ich recht ungezogen und geriet außer Rand und Band. Und so kam Ise (Luise) ins Haus, oft geliebt und oft gehaßt, eine Erzieherin für zwanzig Jahre und eine Freundin fürs Leben. »Nimm du die jüdische Familie, du warst schon einmal bei Juden, ich gehe zu der christlichen Stelle«, sagte ihre Schwester, als die beiden jungen Westfälinnen die Angebote im »Daheim« ansahen und eines in Speyer und eines im nahegelegenen Ludwigshafen entdeckten. Ich sollte einziges Kind bleiben, denn die Ärzte rieten meiner Mutter, keine weiteren Kinder zu bekommen. So war Ise, damals Anfang der Zwanzig, blond und blauäugig, fröhlich und zu allerlei Streichen aufgelegt, eine gute Kameradin meiner frühen Kindheitsjahre. Sie hatte einen westfälischen Dickkopf und Prinzipien, hielt auf straffe Disziplin und brachte bald Ordnung in mein Leben, in Haushalt und Familie und meine Beziehung zur Umwelt.

Als ich sechs Jahre wurde, erhielten meine Eltern eine amtliche Aufforderung, ihre Tochter in die Schule und zwar in die jüdische Gemeindeschule zu schicken. Da diese Schulen in kleinen Orten ausgesprochen religiöse Schulen waren, die weder in bezug auf Lehrer noch auf Schülerschaft dem Niveau entsprachen, das meine Eltern sich für ihre Tochter wünschten, geschah etwas, was für mein ganzes weiteres Leben bestimmend wurde: Wir traten alle drei aus der jüdischen Gemeinde aus, und da man in Bayern gesetzlich zu einer Religionsgemeinschaft gehören und einen Religionsunterricht nehmen mußte, wurde ich bei der freireligiösen Gemeinde angemeldet. Ein freireligiöser Prediger kam einmal in der Woche aus Mannheim herüber und gab mir eine Art Moral-Unterricht. Ein Lehrer der Speyerer Volksschule erteilte mir dreimal in der Woche Privatstunden, das übrige besorgte die Ise, und am Jahresschluß wurde ich mit einigen anderen Externen vom Schulinspektor geprüft.

JUGEND IN FRANKFURT AM MAIN
1904–1914

Als ich zehn Jahre alt war, packten wir unsere Sachen und zogen nach Frankfurt, zusammen mit der Familie meines Onkels. Äußerlich besehen war es eine Sache der Männer, die sich von der Großstadt bessere Geschäftsmöglichkeiten versprachen. Von jeher gingen wirtschaftliche Beziehungen nach Frankfurt, dessen Messe die Davids – Urgroßvater, Großvater und Vater – zweimal im Jahr besuchten. Wenn man aber näher zusah, war es eine Sache der Frauen, die ihren Kindern bessere Erziehungsmöglichkeiten und sich selbst großstädtische Zerstreuung geben wollten. Außerdem mag eine gewisse gesellschaftliche Isolierung, die der Austritt aus der jüdischen Gemeinde mit sich brachte, den Entschluß beschleunigt haben. Daran dürfte auch die Stiftung nichts geändert haben, die von meinem Vater und meinem Onkel zum Andenken an ihre verstorbenen Eltern Theodor und Emilie David im Jahre 1903 zugunsten der jüdischen Gemeinde gemacht wurde. Die Speyerer Firma blieb vorerst bestehen, aber die Hauptfirma etablierte sich in Frankfurt.

Und so stand ich eines Tages am Fenster der Parterrewohnung in der Beethovenstraße 28 und schaute

staunend und geblendet auf das bunte Leben und die leuchtende Kette der Trambahnen in der Bockenheimer Landstraße hinaus. Zum erstenmal beschlich mich – unbekannt und unnennbar – ein Gefühl der Sehnsucht nach etwas, was hinter diesen flimmernden Lichtern lag, nach dem Schillernden, Lockenden, das man Leben nannte. Vorerst aber war es gar nicht schillernd, sondern ernst und nüchtern und sogar beängstigend. In dem vornehmen Institut für höhere Töchter war ich die Neue, das Kind vom Land, rotbackig, mit zwei langen Zöpfen, das noch nie eine Schule besucht hatte und das in einem adretten Schürzchen bei Geburtstagsfeiern erschien und dessen Kenntnisse keineswegs dem Stand der Klasse entsprachen.

Ich mußte mich sehr anstrengen, brauchte Nachhilfestunden, und ich glaube, daß ich es nur ihnen und meinem guten Benehmen verdankte, daß ich versetzt wurde. Zu Beginn des Unterrichts jeden Morgen gab es eine »Andacht«, zu der alle Schülerinnen jeglicher Konfession erscheinen mußten. In meiner Klasse saßen katholische, evangelische und jüdische Kinder friedlich beieinander. Hochwürden, ein Pastor und ein Rabbiner erschienen einmal in der Woche zum entsprechenden Religionsunterricht. Aber viele waren davon »dispensiert«, so wie man vom Turn-, Gesangs- und Handarbeitsunterricht befreit werden konnte – immer dann, wenn die Eltern von der Unwichtigkeit dieser Fächer zugunsten anderer Interessen überzeugt waren.

Da man sich am Anfang über meine Religionszugehörigkeit nicht klar war, wurde ich in den evangelischen Unterricht gesteckt, und was ich an Kenntnissen der sogenannten »biblischen Geschichte« bis ungefähr zu meinem vierzigsten Lebensjahr besaß, verdanke ich diesen wenigen Monaten. Eines Tages wurde meine wahre Identität festgestellt; die freireligiöse Gemeinde, die in Frankfurt recht ansehnlich war, sandte einen autorisierten Prediger, und der Moralunterricht begann von Neuem, diesmal auf etwas höherer Ebene mit leicht philosophischem und historischem Inhalt.

Von dieser ganzen Institutszeit sind mir nur zwei Dinge in Erinnerung geblieben, die mir im späteren Leben öfters widerfuhren. Das eine war, wie man jemanden lieben und zugleich unbändige Angst vor ihm haben kann. Denn an dieser Schule gab es eine Lehrerin, die an Format die anderen weit überragte, sie hielt uns faszinierende Vorträge in deutscher Literatur und Geschichte, aber sie verlangte auch viel von uns, und ich fürchtete mich vor ihr und ihren Ansprüchen. Sie entdeckte bei mir, daß ich schreiben konnte, und von da an wurden Aufsätze eine Leidenschaft von mir. Das zweite, was ich damals bemerkte, war eine gewisse Unfähigkeit, richtig deutsch-patriotisch zu fühlen, so wie es die anderen Klassenkameradinnen und einige Lehrer taten und verlangten. Auf Schulausflügen etwa hatte ich eine Abneigung gegen all die nationalistischen Lieder. Ein Ausflug zum Niederwald-Denkmal, bei dem man sich in Hetzreden gegen Frankreich und in überbetonter »Deutschland über alles«-Stimmung erging, ist mir in dieser Hinsicht in besonders unangenehmer Erinnerung geblieben.

Eines Tages war der ganze Institutsspuk versunken, denn man fand bei mir eine Rückgratverkrümmung heraus, und von einem Tag zum andern wurde ich von der Schulbank weggenommen und vom Sitzen und Büchermappe-Tragen befreit. Ein Heidelberger Orthopäde wurde zu Rate gezogen, und man beschloß, mich auf ein halbes Jahr mit der Ise in seine berühmte Klinik zu schicken, um zu turnen und »gestreckt« zu werden. Dieses halbe Jahr in der bezaubernden Neckarstadt war eines der schönsten und sorglosesten meines frühen Lebens. Ich war zwölf Jahre alt, und die stundenlange Gymnastik, obgleich es im wesentlichen das passive orthopädische Turnen an Maschinen der alten Schule war, gab meinem Körper die Wundermedizin, die er gerade brauchte. Ich ging als Kind und kam als voll entwickeltes Mädchen zurück.

Die Periode der Schwärmerei begann. Es gab nichts, wofür ich mich nicht leidenschaftlich begeisterte, für Schauspieler oder Sänger auf der Bühne, für junge Ärzte in der Klinik, für die Romantik der Vollmondnächte am Neckarufer, für Heidelberger Schloßbeleuchtungen und Studentenfackelzüge. Die bewußt normalisierende westfälische Art der Ise machte nicht viel Federlesens mit mir, so daß ich meine Wünsche und Sehnsüchte für mich behielt – leider aufs Unangenehmste durch Rotwerden gestört, das mich jahrelang, hauptsächlich am

Eßtisch überfiel, wenn jemand auch nur die entfernteste Andeutung, die mit einem meiner Schwärmobjekte zusammenhing, von sich gab. »Aber Gred, warum wirst du denn so rot?« und im Nu waren alle Augen auf mich gerichtet, und ich glaubte zu platzen. Die Ise, die mich noch für ein Kind hielt und seit der Geschichte mit meinem Rücken auf besonders gesunde Lebensführung für mich bedacht war, außerdem ihre neu errungene sozialistische Überzeugung bei mir ausprobierte, hielt auf strenge Disziplin. Sie sorgte für Einfachheit in der Kleidung und in der Haartracht. Ich mußte jeden Abend um neun Uhr ins Bett und durfte nur samstags abends ausgehen. Stets mußte ich den ihr weniger kapitalistisch scheinenden Küchenaufgang benutzen; und zu klingeln, wenn ich etwas wollte, war verpönt. Damals begann die Zeit, in der ich gegen die Ise, ihre dauernde Assistenz, Kontrolle und Begleitung zu revoltieren begann.

Ich wurde des vielen Sitzens und Bücherschleppens wegen nicht wieder in die Schule geschickt, sondern nahm an einem kleinen Unterrichtskreis gleichaltriger Mädchen teil, die sich auf die Obersekunda des neuen Mädchengymnasiums vorbereiteten. Es wurde sehr viel verlangt. Latein konnte ich nicht leiden, vermutlich weil der Lehrer unsympathisch war. Aber Mathematik bei einem hervorragenden jüdischen Lehrer war eine Offenbarung. So war ich wieder bei den Privatstunden und der Gouvernantenerziehung angekommen, aber diesmal empfand ich die Ise als Störung. Viermal in der

Woche ging ich an Nachmittagen mit je einer jungen Französin oder Engländerin, die am Konservatorium studierten, spazieren, und ich spürte Ises Eifersucht, wenn ich nur ein paar Minuten zu spät nach Hause kam. So ging es beim Schlittschuhlaufen, beim Tennisspielen, beim Theater- oder Konzertbesuch; und die Tanzstunde, die meine Mutter gegen Ises Willen durchsetzte, war eine Tragödie. Es war eine Tanzstunde für Jungen und Mädchen aus Kreisen der »Oberen Zehntausend«, christliche und jüdische Familien gemischt. Die meisten schlossen schon sehr bald Freundschaften, aber ich war sehr schüchtern, keine gute Tänzerin und außerdem immer und überall überwacht.

Nur ein einziger junger Mann interessierte mich, der Sohn eines Schuldirektors, auch er schüchtern, ein Intellektueller aus der Oberprima, mit dem man ein ernsthaftes Wort sprechen konnte. Erst viel später, als wir während des ersten Weltkrieges durch einen Zufall in eine Korrespondenz gerieten, merkte ich, daß wir uns gegenseitig vielleicht mehr zu sagen hatten. Er fiel kurz darauf in Verdun.

In jenen Entwicklungsjahren stand ich meiner Mutter besonders nahe; mit all meinen Problemen und Wünschen, meinen Bitten für Vergnügen, Theater, Konzerte, für innere und äußere und äußerliche Dinge kam ich zu ihr. Sie überlegte genau und tat nur selten etwas gegen den Willen der Ise, aber sie war meine Fürsprecherin bei ihr und meinem Vater, der mir nichts ausschlagen konnte. Ich flüchtete mich in die Welt der Bücher, die ich wahllos zu verschlingen begann. Ich hatte reichlich Gelegenheit dazu, denn in unserem Hause fand sich alles, gute und wertvolle und interessante Bücher, pikante Romane, auch in französisch und englisch, und mehrere Wochen- und Monatszeitschriften. Die letzteren namentlich vertraten verschiedene moderne Richtungen und Organisationen, deren Mitglieder die Eltern waren und über deren Probleme sie sich die Köpfe zerbrachen: sozialistische Ideen, Frauenstimmrecht, sexuelle Fragen, Wahlrechtsreform, Erziehung im allgemeinen und Koedukation im besonderen.

Da die ganze Familie, einschließlich der Ise, nicht nur las, sondern mehrere Male in der Woche am Abend in Vorträge ging (in Wahlzeiten war überhaupt niemand zu Hause), so hatte ich die ganze Wohnung für mich allein, ein wahres Leseparadies; mit Büchern ringsherum aufgestapelt, tief in Vaters Ledersessel vergraben, verschwanden Raum und Zeit. Eines Abends war der Redner wegen eines Schneesturmes nicht angekommen, und als die Haustür vorzeitig aufging, stoben fünf eifrig diskutierende Mädchen, die auf der Treppe saßen, auseinander. In unserem zweiten Stock nämlich war die Familie des liberalen Reichstagsabgeordneten Rudolf Oeser mit zwei Töchtern eingezogen. Diese wieder hatten zwei Klassenkameradinnen im Hause gegenüber. Ich war die älteste. Wir gingen später alle in die gleiche Schule, und der gemeinsame Schulweg und der nächtliche Schwatz auf der Treppe waren eine Quelle des Vergnügens.

Es gab noch einen anderen heimlichen abendlichen »Sport«, ich holte aus der Schublade meiner Mutter Schmuck, – sie hatte sehr schöne Sachen, mit denen mein Vater sie beschenkte, teils waren es herrliche alte Familienerbstücke. Ich stand im Nachthemd oder unbekleidet vor dem Spiegel und probierte all die glitzernden Dinge an, drehte alle Lichter auf, steckte meine Haare hoch und drapierte mich mit allerhand Tüchern und Spitzen in Entdeckerfreude des eigenen Körpers.

Mein Onkel und meine Tante wohnten wie in Speyer ganz in unserer Nähe, und die Freundschaft zwischen den beiden Familien bestand weiter. Es war aber natürlich, daß sich Alters- und Interessenunterschiede zwischen dem heranwachsenden Mädchen und den um mehrere Jahre jüngeren Vettern mehr und mehr bemerkbar machten. An Sonntagen war es Pflicht für beide Familien, den in Frankfurt üblichen Taunus-Ausflug zu machen – Sommer wie Winter, früh am Morgen, mit Sonntagskarte im vollbesetzten Zug oder in der Trambahn, Rucksack auf dem Rücken, in Kniehosen, Stock in der Hand. Wir Kinder waren glücklich, wenn es einmal in Strömen regnete oder schneite, so daß man ausschlafen und zu Hause das tun konnte, was man eben nur am Sonntag tun kann: nichts tun, schmökern. Aber vermutlich war der Sonntagsausflug eine gesunde Übung, und Kaffee und Obstkuchen auf dem Fuchstanz waren auch nicht zu verachten. Meistens traf man dieselben Menschen an den gleichen Stellen unterwegs. Beispielsweise eine kleine Gruppe Frankfurter Professoren, darunter einen schlanken hochgewachsenen mit sehr prägnanten Gesichtszügen, der uns immer liebenswürdig grüßte. Er sei ein prominenter jüdischer Jurist, wurde mir gesagt, der schon mit neunundzwanzig Jahren Ordinarius an der Frankfurter Hochschule für Handels- und Sozialwissenschaften geworden war. Ich fand ihn interessant und freundlich aussehend, und daß er Junggeselle war, gab mir irgendwie zu denken.

Zweimal während der Weihnachtsferien – ich war fünfzehn und sechzehn Jahre alt – zog ich das große Los: meine Tante nahm mich als Austausch für meinen ältesten Vetter, der bei uns zu Hause während dieser Zeit Nachhilfestunden bekam, da er schwer lernte, zum Wintersport ins Engadin mit, einmal nach St. Moritz und einmal nach Pontresina. Es war unwahrscheinlich schön. Schon die gigantische Fahrt mit der Albula-Bahn (meine Eltern hatten sechzehn Jahre früher auf ihrer Hochzeitsreise diese Reise mit der Postkutsche gemacht) war ein Erlebnis. Damals hatte man den Winteraufenthalt gerade erst entdeckt, nicht nur den Wintersport, sondern auch die heilende Kraft der Höhenluft. Der Winterschlaf, der sonst auf diesen Bergriesen und den Hotels der Bergdörfer lag, war jäh unterbrochen, und Luxushotels mit dem damals letzten amerikanischen Komfort stiegen in die Höhe. Ich warf einen Blick in die große internationale Welt, die Welt derjenigen, die irgendwie oder irgendwo reich waren, sei es an Geld, an Bedeutung, an Eleganz oder an Schönheit. Da ich damals Autographensammeln als Hobby begonnen hatte, gab mir das »Grandhotel« Gelegenheit zu allerlei Anknüpfungen. Ich erinnere mich an Richard Strauß, der immer beim Kartenspiel saß, und an Tilla Durieux, die große Schauspielerin des Reinhardt-Theaters. Schon früher hatte ich Bekanntschaften mit den schönen Aufführungen der Reinhardt-Bühnen gemacht, als diese während der Internationalen Luftfahrtausstellung 1911 ganz in unserer Nähe auf dem Festhallengelände gastierten. Meine Begeisterung für Alexander Moissi grenzte schon ans Hysterische. Auch mit anderen Größen brachte mich meine Autographenjagd in Berührung, mit Caruso, den ich in der »Bohème« hörte, und mit Kainz, den ich in »Hamlet« sah.

»Nicht für die Schule, sondern für das Leben lernen wir.« Dieses Wort, das in seinem lateinischen Urtext an der Front des Frankfurter Goethe-Gymnasiums stand, wurde von uns Schülern oft als Witz umgedreht. Ich empfand es stets als sinngemäß, denn bei mir stand die Schule in der Tat am Ende einer ziemlich unregelmäßigen und eigenartigen Lernperiode, als unmittelbare Vorbereitung fürs Leben, ja, das »Leben« wartete noch nicht einmal, bis ich die Schule beendet hatte, ich stand schon mitten drinnen, als man meine »Reife« prüfte. Die Schiller-Schule, das Frankfurter Mädchen-Realgymnasium, in dessen Obersekunda ich 1912 eintrat, war für mich, die ich nie eine richtige Schule besucht hatte, in vieler Hinsicht ein Erlebnis. Die Klasse war die erste, die von Untertertia an im normalen Schulgang nach dem Muster der Knabenschule aufgestiegen war, und an der neu erbauten Schule selbst wurde das Abitur so wie an allen anderen höheren Schulen abgelegt. Die Zeit der Kurse und der externen Prüfungen für Mädchen war vorüber. Etwas vom alten Pioniergeist hing dieser Klasse noch an. Sie war eine gute Mischung, mit viel Gemeinschaftssinn, der uns auch späterhin – bis zum Abgrund und jenseits des Abgrunds – zusammenhielt. Unter uns achtzehn waren vier Jüdinnen, zwei davon fromme, die samstags nicht schrieben. Die Schulleitung, die Lehrer und die Kasseler Oberschulbehörde richteten sich genau danach.

Ich fand eine Freundin, ziemlich sofort und zwangsläufig, denn mit mir zusammen traf eine andere neu in die Obersekunda ein, und wir zwei Neuen schlossen uns naturgemäß einander an – ein ziemlich ungleiches Paar, denn Hilde, Tochter eines Pfarrers aus der Frankfurter Umgebung, war mehrere Jahre älter als wir, sie war schon Lehrerin gewesen, und hatte uns eine Menge Lebenserfahrung und Wissen voraus. Unsere Freundschaft, die jahrelang hielt, basierte gerade auf dieser Verschiedenheit, da wir uns gegenseitig in all den Studien, Wissensgebieten und Lebenslagen halfen, berieten und ergänzten, in denen jede von uns anders war oder versagte.

Es war bemerkenswert, daß die ersten Gymnasiastinnen keineswegs aus besonders frauenrechtlerischen, modernen oder intellektuellen Familien kamen. Und ebenso wenig war dies beim Schulleiter und dem Lehrpersonal der Fall. Unser Direktor, ein faszinierender und gut beschlagener Lehrer für die Oberklassen, mit großem Schnurrbart à la Wilhelm II., war ein Deutschnationaler alten Schlags und ein entschiedener Gegner des Frauenstudiums. Er machte kein Hehl daraus und riet eindringlich jedes Jahr in seiner Schlußrede den abgehenden Abiturientinnen, zu Kochtopf und Strickstrumpf zurückzukehren und gute Mütter und Hausfrauen zu werden. Während meiner zweijährigen Schulzeit übrigens gab es zwei Eheschließungen zwischen Lehrern und Schülerinnen, eine zumindest unerwartete Begleiterscheinung des Kampfes um Frauenrecht und gleiche Schulausbildung.

Vermutlich war der Direktor seiner Weltanschauung nach ein Antisemit, aber es ist mir keine entsprechende Äußerung bekannt, wie denn überhaupt der Lehrstoff in objektiver Form fern von irgend einem Ismus oder einer politischen Färbung an uns herangebracht wurde. Der Direktor war viel zu großzügig, um nicht die Tüchtigkeit seiner jüdischen Schülerinnen und die Wichtigkeit des jüdischen Einflusses innerhalb der Nation anzuerkennen. Großzügigkeit war überhaupt sein und der Schule Charakteristikum, das jeweilige Pensum wurde zwar erreicht, aber meist mit einem anstrengenden und straff disziplinierten Endspurt, während man uns in der übrigen Zeit viel Freiheit für Theaterspielen, Ausflüge, Sport und geistige Entwicklung ließ, so daß wir gern zur Schule gingen und mit wirklichem Interesse lernten.

»Gottseidank – leider«, wie man in Frankfurt sagte, geriet das letzte halbe Jahr meiner Schulzeit, das sonst das schönste zu sein pflegt, einschließlich Abitur und Schlußfeiern, in einem Nebel. Ich lebte dauernd in zwei Welten, was natürlich auch meinen Leistungen in den Prüfungen nicht zugute kam. Den Sommer 1913 verbrachten die beiden David-Familien, ohne die Väter, in einem bezaubernden holländischen Seebad auf der Insel Walcheren, nicht weit von Vlissingen. Es war aber ein Mann dabei, ein junger Hauslehrer, der für meine beiden halbwüchsigen Vettern kurze Zeit vorher ins Haus meines Onkels gekommen war. Ise war nicht vorhanden, sondern verbrachte einen eigenen Urlaub irgendwo in Frankreich. Am Morgen gingen wir schwimmen, am Nachmittag erkundeten wir auf unseren Fahrrädern die grüne Insel mit ihren beiden berühmten Leuchttürmen, dann ging die Sonne im Meer unter und der Mond über romantischen Wasserschlössern auf, und dazwischen maßen wir uns beim Tennisspiel. Der Hauslehrer, ein Doktor der Kunstgeschichte, war ein glänzender Führer in den Museen Hollands und Flanderns. Er kam aus kleinem protestantischem Berliner Mittelstand, ein begabter, interessant-häßlicher Typ, aber voller Charme, wenn er über kunstgeschichtliche Themen dozierte. Es war die perfekte Szenerie für eine perfekte Romanze, und ich stürzte mich in sie mit der vollen Leidenschaft meiner Jugend. Er bewahrte seine Reserve und gab sich die größte Mühe, der achtzehnjährigen Nichte seines Brotgebers nicht den Kopf zu verdrehen, was ihn natürlich nur um so attraktiver machte. Wir hatten endlose Gespräche, auch über unser Leben und die Zukunft. Er sandte mir Gedichte und machte Kohlezeichnungen von mir, in Richard Dehmels Gedichten lag eine von ihm gezeichnete ex libris-Figur (eine nackte Frauengestalt) – aber es geschah nichts, außer daß mein Herz in Flammen stand, als wir nach Hause reisten. Ich saß wieder auf der Schulbank; die Ise war instinktiv gegen alles, was mit diesem Mann zusammenhing. In dieser für mich ziemlich unerträglichen Situation kam mir meine Mutter zu Hilfe. Sie stand diesem Mann sympathisch gegenüber, auch sie spürte das Fluidum, das von ihm ausging. Meine Eltern hätten nicht ungern die Verbindung mit einem christlichen Akademiker, vielleicht einem Dozenten an einer Universität, gesehen; sie willigten in ein privates gegenseitiges Versprechen ein, dem nach dem Abitur ein Verlöbnis folgen sollte. Die Reserven fielen, es begann eine sehr aufregende Zeit, die Sehnsucht »nach mehr« und die Gewißheit des »nie genug« wuchsen in schnellen Küssen und Liebkosungen im Vorplatz, im Dunkel von Theaterlogen, auf Spaziergängen und nächtlichen Heimwegen. Reichlich nervös und reizbar kam ich jeden Morgen zur Schule. Seltsame Formen gossen wir zur Silversternacht 1913/14. Wir versuchten es mehrere Male, und immer wieder verwandelte sich das gegossene Blei zu unserem Staunen in Gewehre und Kanonen. Es war das letzte Mal, daß die beiden David-Familien in alter Harmonie zusammensaßen.

Kurz vor dem schriftlichen Abitur traf es sich günstig, daß eine kunsthistorische Ferienreise den Hauslehrer außer Landes führte und ich für kurze Zeit meine Seelenruhe wiederfand. Kaum war das mündliche Abitur vorüber, schlug die Bombe ein. Die Ise, Tante und Onkel und noch ein Vetter meines Vaters, Senatspräsident an einem preußischen Oberlandesgericht, hatten Ermittlungen angestellt und sogar Ludwig Klages für ein Schrift-Gutachten bemüht: Er hatte kein Doktordiplom und trug den Titel zu Unrecht. Liebesgedichte waren gefälscht, die ex libris-Figur abgepaust, in einer früheren Hauslehrerstelle hatte er eine Affäre mit der Frau des Hausherrn begonnen. Nebenbei gesagt, hatten ihn alle früheren Stellen meinem Onkel wärmstens empfohlen. Die abgeschriebenen Liebesgedichte und das ex libris waren das Schlimmste, aber im Gegensatz zu allen anderen fand ich den Titelbetrug keineswegs so verdammenswert. Was sollte ein armer Teufel tun, wenn er eine gute Stelle haben wollte, und im übrigen – waren wir nicht alle auf seine kunsthistorischen Kenntnisse hereingefallen? Für mich war er, was er zu sein vorgab und jederzeit werden konnte, ich sehnte mich nach seinen Küssen und nach der Nähe des Männlichen, das in mein Leben gekommen war. Innerlich gab ich noch nicht nach, wenn ich auch versprach, die Beziehung zu ihm völlig abzubrechen und in keine Korrespondenz einzutreten.

So lächerlich es klingt, am schwersten war meine Mutter getroffen, nicht weil sie etwa auch in ihn verliebt gewesen wäre, wie böse Zungen behaupteten, sondern weil sie in ihrer Eitelkeit, in ihrem Stolz getroffen war. Daß sie so wenig Menschenkenntnis bewiesen hatte und daß Schwager und Schwägerin und die Ise den richtigen Instinkt besessen hatten: dies war ein harter Schlag für sie. Und statt Dankbarkeit zu fühlen, drehte sie die Angelegenheit herum und gab denen Schuld, die nur mein Bestes im Sinne gehabt hatten. Seit jener Zeit war das Verhältnis zwischen den beiden Familien getrübt. Die Ise verließ damals sowieso unser Haus, da ich sie ja nicht gut auf die Universität mitnehmen konnte. Sie zog für einige Jahre zu meinem Onkel und nahm dort den freigewordenen Erzieherposten ein. Später im Leben, als ich nicht mehr ihr »Kind« war, kamen wir uns wieder nahe. Sie war, neben meiner Mutter, der zuverlässigste und treueste Freund, den ich hatte.

STUDIENJAHRE
1914–1917

Meine Freundin Hilde und ich beschlossen in Freiburg im Breisgau zu studieren. Durch den Freiburger Studenten-Zimmernachweis fanden meine Eltern eine Familie, in der wir brav bürgerlich und gut behütet untergebracht waren, und – um die Behütung voll zu machen – verbrachte meine Mutter unsere ersten zwei Wochen auf der Alma Mater mit uns, bis wir nach ihren Begriffen und den herkömmlichen Ansichten eines Pfarrhauses vor allen Fährnissen sicher bewahrt wären. Vom ersten Augenblick an kam natürlich alles anders, und meine Mutter war indirekt sogar daran schuld, da sie uns mit einem jungen Vetter zweiten Grades aus ihrer Familie bekannt machte, einem cand. jur., der das neue »Bäsle« und seine Freundin beglückt in seinem Kreis willkommen hieß. Wie denn überhaupt der weibliche Zuwachs an dieser und anderen Universitäten damals noch als ein Novum und als eine erfreuliche Belebung der Studienatmosphäre von den männlichen Kommilitonen und dem Großteil der Professoren empfunden wurde. Wenn es auch bis in die Zeit nach dem ersten Weltkrieg Professoren gab, die uns beharrlich mit »meine Herren« anredeten! Es war, als ob das fliederduftende Freiburg im Frühling 1914 noch einmal

alles aufbot, was es an bester deutscher Jugend, an überschäumendem Lebenstrieb und landschaftlicher Schönheit gab.

Dabei war diese Jugend keineswegs problemlos. Eine Atmosphäre von Fin de siècle lag über uns allen. Obgleich das Maschinenzeitalter erst angebrochen war und man noch nichts von Massengesellschaft und allgemeiner Arbeitslosigkeit wußte, schienen viele junge Menschen über ihre Zukunft besorgt zu sein und nicht so recht zu wissen, was sie mit ihrer Begabung, ihrem Wissen und ihrer Kraft anfangen sollten. Viele dachten daran, nach dem Examen in die Kolonien zu gehen, manche erwogen Auswanderungen nach Übersee. Noch waren die Menschen nicht durch politische Zugehörigkeiten geprägt und getrennt, obgleich es Studentenvereinigungen aller Färbungen gab und namentlich die sozialistische recht groß war. Eine Kriegs- oder Katastrophenahnung schwirrte irgendwo in der Luft, und als einmal davon die Rede war, sagte ich – eingedenk der salon-sozialistischen Lehren meines Elternhauses – »Es wird nie mehr Krieg geben, die Sozialdemokraten aller Länder würden die Kriegskredite verweigern«, woraufhin mein Vetter Reinhard mit Entrüstung erklärte: »Wenn du jetzt ein Junge wärest, Bäsle, würde ich dir eine Ohrfeige geben.« Einmal kam das große Schauspielerpaar Friedrich Kayssler und Helene Fehdmer mit Ibsens »Rosmersholm« und »Baumeister Solness« zu uns nach Freiburg. Der düster-prophetische Unterton von Ibsens Kunst war so stark, daß viele von uns tagelang davon verstört waren. Große dramatische Kunst und Bühnendarstellung ergriffen damals, als es noch kein Kino gab, die Menschen in ihren Tiefen.

Von jüdischen Problemen unter der Studentenschaft erfuhr ich so gut wie nichts, vermutlich weil ich mich nicht dafür interessierte. Von Reinhard, der jüdisch geboren, aber bei seiner Geburt evangelisch getauft worden war, erfuhr ich, daß es eine »Freie Studenten-Vereinigung«, der viele liberal Gesinnte und viele Juden angehörten, und auch eine schlagende jüdische Studentenverbindung gäbe. Er sprach von beiden etwas geringschätzig, aber nicht so sehr, wie mir schien, aus anerzogenem Antisemitismus, sondern weil er die dort tonangebenden Leute nicht sehr schätzte. Von einer zionistischen Gruppe hörte ich nichts. Wir studierenden Frauen hatten unsere eigenen Probleme. Daß ich mich für Kunstgeschichte entschieden hatte, lag bei mir damals ziemlich nahe. Aber auch sonst war eine Vorliebe für bestimmte Kollegs der schönen und in den meisten Fällen nicht unmittelbar nützlichen Fächer, die sogenannten »Crèpe de chine«-Vorlesungen, bei Frauen häufig. Nicht alle, die sich immatrikulierten, studierten auch, und nicht alle studierten für einen Beruf. Und nicht alle Berufe standen damals den Frauen offen. So gab es zum Beispiel noch den Zölibat für Lehrerinnen in Deutschland. Und schon früh wußten die Frauen, daß sie eines Tages vor die schwierige, seelische und technische Bewältigung mehrerer Berufe gestellt sein würden – den eigenen, den sie nach einem langen und teuren Studium nicht aufzugeben gewillt waren, und den der Gattin, Mutter und Hausfrau.

Ich selbst kam gänzlich unfertig, unentschlossen und voll mit meinem eigenen Ich beschäftigt auf die Universität. In der Freundschaft mit meinem Vetter war es nicht das Fremde, das mich anzog, wie bei Hilde und dem Hauslehrer. Reinhard und ich waren uns vom ersten Augenblick an nahe, als ob wir seit urdenklichen Zeiten miteinander verwandt seien. Zum ersten Male war es ein Gleichaltriger, mit dem ich mich befreundete. Er war ein schöner semitischer Typ mit tiefschwarzem Haar, graublauen Augen und vollen Lippen, alles an ihm war wohlproportioniert, seine Gestalt, sein Benehmen, seine Ansichten. Seine Mutter war in demselben kleinen pfälzischen Ort aufgewachsen wie die meine, und die Familien waren viele Jahre befreundet. Dann hatte sie einen Vetter meiner Mutter, einen erfolgreichen Arzt in einer badischen Kleinstadt, geheiratet. Er beging Selbstmord. Man sagte, daß er morphiumsüchtig gewesen sei. Unter diesem Schatten und da wir um die Gefahr von Verwandtenehen wußten, hatte die Beziehung zu Reinhard immer etwas von leidvoller Liebe an sich. Wir wurden aufeinander zugestoßen, denn Reinhards Freund Albert, aus dem gleichen juristischen Semester, und Hilde waren sehr schnell ein Paar. Wir vier waren unzertrennlich, bei allen Ausflügen, allen Unternehmungen, beim Essen in der Mensa und beim Tanz auf dem Schloßberg, aber nur bis zu dem Grade, als wir uns gegenseitig nicht störten. Ich hatte aber nicht – und nichts – vergessen. Es quälte mich, daß ich so schnell wieder lieben konnte, ich fühlte mich schuldig an dem, den ich einmal geliebt hatte. Es traten noch mehr junge Männer in mein Leben, es war nicht schwer für ein hübsches junges Mädchen, einen netten Kreis um sich zu haben; im Gegenteil – es war weitaus schwerer, allein zu bleiben. Ich hatte eine Gabe, die den Männern gut gefiel, nämlich still und freundlich zuzuhören. Als ich dies entdeckte, betrieb ich es gewissermaßen als Sport. Die Gedanken und Schicksale begannen mich zu interessieren, und für viele Jahre war Neugierde einer meiner Haupt-Beweggründe in meinen Beziehungen zu den Männern und den Menschen überhaupt.

Als wir von einem Wochenendausflug aus dem Schwarzwald zurückkamen, wurden in Freiburg die Extrablätter herausgegeben mit den Schlagzeilen »Mord in Serajewo« und »Erzherzog Franz Ferdinand und Erzherzogin Zita ermordet«. Zuerst wurde der Ernst der Situation mit ungläubiger Konsternation, als eine Ausgeburt wilder Journalisten-Phantasie angesehen. Dann aber war es wie eine Lawine, die dem Abgrund zurollte, oder rollte sie vielleicht hinauf, unbekannten Gipfeln zu? Man konnte letzteres glauben, wenn man die Orgien nationalistischer Begeisterung sah, von denen alle, Studenten, Professoren und Bürger des Städtchens ergriffen waren. Alles ging in diesem Wirbel unter, Aufmärsche mit gezogenen Säbeln und

Fahnen, Reden über Reden, Spionenjagd auf dem Schloßberg. Krieg schien eines der erstrebenswertesten Ziele der Menschheit zu sein. An einen geregelten Universitätsbetrieb war nicht mehr zu denken. Mitte Juli erhielten Reservisten Einberufungsbefehle, Freiwillige stellten sich. In einer Eisenbahn, die mehr einem Militärtransport als einem zivilen D-Zug glich, vollgestopft bis zu den Dächern, Trittbrettern und Lokomotive, fuhr ich nach Hause. Irgendwo blieben meine Koffer, irgendwo verlor ich im Gedränge meinen Hut, und im Nirgendwo, in der für mich unerreichbaren und namenlosen Welt der Grenzbefestigungen, Truppenübungsplätze und Kasernen blieben meine Freunde, die Jugend, mit der ich aufgewachsen war, das Europa, das ich liebte. Hilde blieb vorerst in Freiburg. Albert war Offizier und mußte sich sofort bei seinem südbadischen Regiment stellen. Sie benutzten die paar Tage, die ihnen noch blieben, zu einer Kriegstrauung; er fiel nur wenige Wochen später bei einem schweren Gefecht im Ober-Elsaß. Hilde war ein gebrochener Mensch, für den das kurze Sommersemester 1914 auch das Sommerglück ihres Lebens bedeutete. Sie fand sich wieder durch die Freude am juristischen Studium, das sie dann, gleichsam in Stellvertretung, begann und für das sie mit ihrem klaren Verstand sehr geeignet war. Sie brachte es weit im Leben und heiratete als Fünfzigerin einen bedeutenden Sozialpolitiker.

Dieser Krieg war ein Männerkrieg. Frauen, wenn sie nicht gerade Krankenschwestern, Ärztinnen oder Munitionsarbeiterinnen waren, hatten in ihm keinen Platz. Sie konnten Päckchen schicken und warme Kleidungsstücke stricken, ihre kleinen Fähnchen auf den Landkarten aufstecken und ihre großen Fahnen zum Fenster heraushängen, wenn die Siegesglocken läuteten, – bis es plötzlich weder mit kleinen noch mit großen Fahnen noch mit Siegesglocken vorwärtsging. Die Verlustlisten wurden in den Zeitungen immer länger, eines Tages kamen Briefe zurück mit einem Kreuz darauf. . . »Auf dem Felde der Ehre gefallen«, und immer mehr Frauen gingen in Trauerkleidern. Diese Passivität, dieses Nichtdabeiseinkönnen war um so schwerer zu ertragen, als ich wieder merkte, daß ich mir meine patriotischen Gefühle ankleben mußte. Ich mußte mir Mühe geben und mich in einen heftigen Zustand der Erregung bringen, um wirklich vaterländisch zu fühlen. Ich konnte es nicht fassen, wenn meine zwölfjährige Cousine schrieb ». . . Für diesen Krieg will ich gerne meinen Vater hergeben«, als mein Onkel sich als Zweiundvierzigjähriger freiwillig für den Felddienst stellte, lange ehe sein Jahrgang an der Reihe war.

Mutter meldete sich sofort mit mir zu einem Hilfsschwestern-Kurs im städtischen Krankenhaus. Sie war wunderbar geeignet für diesen Beruf, sie war so tüchtig, praktisch, zuverlässig und mutig, sie war damals vierundvierzig Jahre alt und sah so schön in ihrem weißen Kittel aus – die Begeisterung aller Ärzte, die für sie immer die schwierigen Fälle bereit hatten. Ich dagegen fühlte sehr bald, daß ich nicht dafür gemacht war;

Spritzen zu geben oder einen Arm einzurichten war mir ein Greuel; ich war nicht sachlich oder unbeteiligt genug vor dem lebendigen Menschen und dem lebendigen Fleisch. Ich erhielt zwar mein Diplom als Hilfsschwester, aber bald nach Kriegsbeginn bot sich eine andere Arbeit, für die ich besser geeignet war.

Am Hauptgüterbahnhof wurde eine Kantine für die zur Front durchfahrenden Truppenzüge eingerichtet. Zu meinem Erstaunen fand ich dort unseren früheren Schuldirektor als Leiter und mehrere Schiller-Schülerinnen. Wir waren, da wir uns alle kannten, ein perfektes Team, und die Arbeit dort gab uns das Gefühl, etwas Vernünftiges und Gutes zu leisten, besonders auch, da der Direktor seinem hochgepeitschten Nationalismus nicht die Zügel schießen ließ, sondern gleichzeitig vom tiefen Ernst der Situation durchdrungen war. Wochenlang liefen die Züge der Kriegsfreiwilligen, darunter die Studenten meines Jahrgangs, durch. Ihr Jubel, ihre Bereitschaft, ihre Lieder und der Humor in den Inschriften und Zeichnungen auf den Waggons teilten sich uns mit. Unsere Station war die letzte vor der Grenze, wir konnten ihnen das letzte bißchen Glück und Freude geben, und zwischen heißem Kaffee und Sandwich schrieben sie uns ihre Namen und Feldadressen auf, es hagelte Küsse, und wenn die Züge abfuhren, war unsere Erregung so groß, daß uns die zurückgehaltenen Tränen aus den Augen stürzten. Wieder durften wir nicht weinen, als einige Wochen später, an derselben Station, die Züge von der Front und die Lazarettzüge eintrafen und auf ein besonderes Gleis direkt zum städtischen Krankenhaus geschoben wurden. Nun mußten wir unseren Mut zusammennehmen und mit der heißen Suppe ein wenig Trost übermitteln, die meisten sprachen nicht, das Grauen stand noch in ihren Augen, und der Geruch der Wunden vermischte sich mit dem der wochenlang nicht gewechselten Uniformen. Die Lazarettzüge kamen meistens nachts, meine Klassenkameradin Ingrid und ich fuhren stumm, jede mit ihren Gedanken beschäftigt, auf unseren Rädern mit verdunkelten Karbidlampen über die Mainbrücke durch die schwarze Nacht.

Die Soldaten-Beziehungen hatten eine solche Korrespondenz und Päckchen-Schickerei und Strickerei zur Folge, daß es mir, namentlich zu Weihnachten 1914, über den Kopf wuchs. Es war ein weitverzweigter Betrieb geworden, an dem Familie, Freundinnen und sämtliche Zimmer der Wohnung beteiligt waren.

Als im November das Semester wieder begann, kehrten Ingrid und ich zur Universität zurück, behielten aber den Nachtdienst in der Kantine bei. Ingrid, die Tochter des Professors für Geographie an der Universität, war die beste und von uns allen bewunderte Schülerin unserer Klasse gewesen. Begabt für alle Fächer, hatte sie ein ungewöhnliches Talent für Mathematik und war außerdem eine charaktervolle und aufrechte Persönlichkeit.

Ich hatte das Gefühl, daß ich – wenn ich schon als Frau zum Überleben bestimmt sei – wenigstens etwas

Ordentliches lernen und später einen Beruf ausfüllen sollte. Auch meine Eltern waren dieser Meinung. Ich war nicht mehr so unfertig und ziellos wie vor Beginn meines ersten Semesters, dieses halbe Jahr hatte mich reifer gemacht. Ich wechselte von der Kunstgeschichte zur Nationalökonomie und glaubte damit dem Zeitgeschehen und späteren praktischen Berufsaussichten näher zu sein. Der Unterschied in den Hörsälen war beklemmend, es gab nur ein paar ganz junge oder ganz alte männliche Hörer, der Rest waren Frauen. Und da die Frankfurter Universität eine ganz neue Hochschule war, war es dort noch ein bißchen leerer als anderswo. Ein junger Kommilitone, der fast alle Vorlesungen mit mir zusammen hörte, wartete manchmal am Ausgang auf mich und begleitete mich den kurzen Weg nach Hause. Er war weder interessant noch geistreich, aber er hatte einen freundlichen Ausdruck in seinen gelbbraunen Augen, und seine natürliche Liebenswürdigkeit und seine anständige Gesinnung hatten etwas Erfrischendes an sich. Er stammte aus einer orthodoxen jüdischen Frankfurter Bankiersfamilie, mit der wir keine Beziehungen hatten. Eines Tages war er verschwunden, zum Heere eingezogen.

Als Nebenfach hatte ich Öffentliches Recht gewählt, die Vorlesungen über »Einführung in die Rechtswissenschaft« und »Staatsrecht« waren obligatorisch. Sie wurden von zwei Junggesellen gehalten. Der jüngere von ihnen, ein Enddreißiger, war in Haltung, Aussehen und Stimme der Typ des preußischen Offiziers oder

Regierungsbeamten, der andere, ein Jude, war der typische deutsche Gelehrte oder Intellektuelle. Er stand damals als der erste Dekan der neuen rechtswissenschaftlichen Fakultät vor. Beide waren ausgezeichnete Redner, die ihre Zuhörer fesselten, sobald sie auf das Katheder kamen. Ich merkte aber sehr bald, daß der jüngere etwas oberflächlich war.

Meine Sympathie wandte sich dem älteren zu, der mir tief und weise erschien. Seine Einführung in die Rechtswissenschaft war wunderbar klar und unvergeßlich. Er hatte auch eine eigenartige Methode, uns für den Stoff zu interessieren: Immer in den letzten zehn Minuten vor dem Schluß der Vorlesung wurden Fragen gestellt und eine Art Kolloquium gehalten, was bei der geringen Zahl der damaligen Hörer leicht zu machen war. Auf diese Weise lernten wir uns ein wenig kennen, nachdem er mir viel früher schon bei unseren Taunus-Ausflügen aufgefallen war. Ich war immer noch sehr schüchtern und wurde rot, wenn er im Korridor oder beim Testieren ein freundliches Wort an mich richtete. Plötzlich, mitten im zweiten Frankfurter Semester, als ich Staatsrecht bei ihm hörte, war er verschwunden. Er hatte sich freiwillig zum Heeresdienst gemeldet, und man sagte, daß er eine hohe juristische Stellung beim Generalstab bekleide.

Zweimal kam Reinhard zu Besuch, zuerst als er einen Offizierslehrgang absolvierte, voller Sicherheit und Freude über die bevorstehende Beförderung. Es war ein schönes Zusammensein. Das zweitemal kam er zwar in der gutsitzenden Uniform seines neuen Rangs, aber er war deprimiert, wortkarg. Er muß Ahnungen gehabt haben, und seine Mutlosigkeit teilte sich mir mit. Da der Krieg kein Ende zu nehmen schien und die Universität Frankfurt immer leerer und schlechter besetzt wurde, entschloß ich mich, im Herbst 1915 nach Berlin zu gehen, wo immerhin noch einige »Grand old men« lehrten und auch sonst wissenschaftlich und künstlerisch etwas los war. Ingrid blieb in Frankfurt und hielt während meiner Abwesenheit eine gute Freundschaft mit meiner Mutter, die damals auch begann, Vorlesungen an der Universität zu hören.

Die drei Semester in Berlin (1915–1917) gehören trotz Kriegszeiten zum Schönsten, was mir beschieden war, besonders auch dadurch, daß ich eben nicht zu Hause lebte, sondern mir meinen Weg allein suchen und alle Eindrücke allein verarbeiten mußte. An der Berliner Universität hörte ich bei Meinecke, Oppenheimer, Harnack, Wilamowitz-Möllendorf, Tröltsch und Anschütz. Ich arbeitete im Seringschen (früher Schmollerschen) Seminar und hörte die letzten Vorlesungen von Adolf Wagner sowie die Abschiedsworte Franz Oppenheimers für ihn.

Nickisch und Weingartner dirigierten die Philharmoniker und Richard Strauß die Konzerte in der Hofoper. Es gab verbilligte Hauptprobenkarten für den Sonntagvormittag. Die Bühnen Reinhardts und Brahms, die Kammerspiele, die Volksbühne und die Hoftheater waren auf einer Höhe, wie ich sie nie wieder im Leben gesehen habe. Ibsen, Björnson, Strindberg, Gorki, Tolstoi lernte ich damals kennen, aber auch die deutschen Klassiker und Nachklassiker, Kleist, Büchner, Schiller und Gerhart Hauptmann. Diese Eindrücke vertieften sich durch das Haus, in dem ich eineinhalb Jahre lebte. Meine Eltern hatten mich in dem neuen Sttudentinnenheim in Charlottenburg angemeldet. Es war damals eines der ersten seiner Art in Deutschland und es war auch in vieler Beziehung ein Vorbild für spätere ähnliche Einrichtungen. Da es noch nicht bezugsfertig war, mußte ich für einige Wochen in einer Pension im Berliner Westen unterkommen. Am Frühstückstisch saß mir am ersten Morgen ein junges Mädchen gegenüber, frisch und rotwangig. Sie stürzte so wie ich ihren Kriegskakao hinunter, sie hastete zur gleichen Untergrundbahn und zur gleichen Vorlesung. Sie sprach Schweizer Deutsch, und es stellte sich heraus, daß auch sie auf die Eröffnung des Viktoria-Studienhauses wartete, wo sie angemeldet war. Wir durchlebten einige amüsante Wochen in der für junge Mädchen gänzlich ungeeigneten Pension und zogen dann ins Charlottenburger Heim. Es war eine Stiftung und nicht nur komfortabel und geschmackvoll gebaut, sondern vor allem genau den Bedürfnissen von Studentinnen entsprechend eingerichtet und geführt. Es gab nur Einzelzimmer mit Bettcouchs und abgetrennten Waschkabinetts, so daß die Zimmer bei Tag wirklich wie Wohnzimmer aussahen. Unten waren die Eß- und Empfangsräume sowie ein Vortragssaal und dahinter ein großer

Garten mit alten Bäumen. Mahlzeiten wurden von 1 bis 2.30 Uhr serviert und abends gab es Sandwichs zum Mitnehmen – das Ganze war eine Insel mitten im Krieg, mitten in der Großstadt. Besuch (namentlich männlicher) war nur in den Empfangsräumen erlaubt, nicht in den Zimmern. Die zwei Semester mit Elisabeth waren sehr schön. Wieder war es das Andersartige, das mich anzog. Viel später sagte sie mir, daß ich die erste Jüdin war, die sie näher kennenlernte. Sie war damals so unbefangen und unkompliziert in ihrer offenen und geraden Schweizer Gesinnung und gehörte zu einem Kreis anderer Schweizer Studentinnen, die nicht etwa aus Begeisterung für Deutschland im Kriege nach Berlin gekommen waren, sondern weil sie gute Vorlesungen in ihren Fächern in deutscher Sprache hören wollten. Sie waren im Gegenteil in ihrer Mehrheit antideutsch, und Elisabeth, die Geschichte studierte, war besonders kritisch der deutschen Geschichtsauffassung gegenüber. Wir gerieten manchmal hart aneinander. Aber keine von uns fand es merkwürdig, daß ich als Jüdin den deutschen Standpunkt verteidigte. Wobei die Verletzung der belgischen Neutralität durch Deutschland für Schweizer Begriffe natürlich ein besonders heikles Gebiet war. Wir hatten niemals Gespräche über religiöse Dinge, ohne Absicht, offenbar war es für uns unwichtig.

Zufällig wurden wir einmal Zeugen eines ungewöhnlichen Vorgangs. Eine jüngere Schulgenossin aus Frankfurt saß mit uns in einer Vorlesung, und jeden

Tag wurde ein im Krieg erblindeter Major von seinem Burschen in die gleiche Vorlesung geführt und saß in der Reihe vor uns. Eines Tages blieb der Bursche aus, und wir sahen, wie die Ratlosigkeit des Majors wuchs. Wir warteten mit ihm, schließlich bot sich Stefanie an, ihm zu helfen, sie führte ihn durch das Gewühl der Großstadt nach Hause, und sie führte ihn weiter – durchs Leben als seine Ehefrau.

In das zweite Berliner Semester fiel Reinhards Tod. Noch ehe mich meine Mutter benachrichtigte, lag der Brief mit dem Kreuz »Auf dem Felde der Ehre gefallen« auf meinem Schreibtisch, als ich von einem strahlenden Sommersonntag von den märkischen Seen zurückkam – genau zwei Jahre nach jenem Sommertag im Schwarzwald, als der Mord von Sarajewo uns aus unseren Jugendträumen gestoßen hatte. Onkel Richard war vor Verdun. Auch die anderen, die ich in Freiburg gekannt hatte, fielen. Die Jugend meiner Generation kam nicht zurück – es wurde immer schwerer zu glauben »Deutschland wird leben, auch wenn wir sterben müssen«. Elisabeth fuhr nach zwei Semestern nach Hause, um in Zürich zu promovieren.

Im Winter-Semester 1916/17 kam Lotte nach Berlin, und mit ihr, die gleichfalls ins Victoria-Studienhaus einzog, begann mein Leben eine entscheidende Wendung zu nehmen. Lotte war ein Kind aus meiner Klasse; obgleich wir uns schon lange kannten und gerne sahen, kannten wir uns in Wirklichkeit kaum. Sie schien mir immer wie ein Märchenwesen, von dem man nur in Büchern liest. Sie hatte Märchenaugen, die eine reiche Seele spiegelten. Sie war die Schönste von fünf schönen, begabten Kindern aus einem interessanten, gesellig-bewegten und vornehmen Elternhaus. Ihre charmante Mutter, Tochter eines hohen Regierungsbeamten, war eine Adlige, ihr Vater, von dem die tiefen Augen kamen, ein bei der Geburt getaufter Jude, ein hervorragender Jurist mit einer großen Anwaltspraxis und Inhaber vieler hoher Ehrenstellen. Sein Vater, Lottes Großvater, hatte seinen jüdischklingenden Frankfurter Namen in einen normalen deutschen Namen umgewandelt, ohne selbst zum Christentum überzutreten. Wie bei vielen anderen gemischten Ehen wurde auch hier der christlich-deutsche Charakter betont, doch war die geheimrätliche Familie durch die echte christliche Wärme der Mutter und den reichen Geist des Vaters ein auf gegenseitigem Verständnis aufgebautes harmonisches Ganzes, bei dem jeder sich der Verschiedenheit seiner Erbmasse und seiner Erziehung bewußt war und danach lebte. Aber die Linie, der man sich einmal zugeschworen hatte, wurde eingehalten, – sichtbar vor allem in der Berufswahl und in den Eheschließungen der Kinder. Die Älteste heiratete einen katholischen Adligen, die zweite einen evangelischen Arzt, die vierte einen vierteljüdischen Bankier; der Sohn, Kavallerieoffizier von Beruf, kam nach schwerer Verwundung zurück und begann ein ganz anderes, der christlichen Nächstenliebe gewidmetes Leben. Damals war er noch unverheiratet. Und Lotte, die dritte, hatte ihr historisches und philosophisches Studium mit der Vorbereitung zum Lizenziat eingeleitet. Lotte sah Hermanns »Jettchen Gebert« auf meinem Schreibtisch liegen, das ich der Berliner Umgebung zuliebe wieder einmal las. »Du bist selbst so ein Jettchen«, sagte sie, »ein feiner jüdischer Typ«. Ich war etwas bestürzt, ich hatte mich noch nie als betont jüdisch und einem jüdischen Milieu à la Gebert zugehörig angesehen. Und es war evident, daß Lotte einen merkbaren Unterschied zwischen sich und mir machte, das heißt, machen wollte oder machen mußte. Das war neu für mich. Und dann entdeckte sie die Photographie von Professor Freudenthal, dem Frankfurter Professor für öffentliches Recht, bei dem ich gehört hatte, in meiner Schublade. Es war eigentlich nur eine Photo-Postkarte, wie man sie in den Universitätsbuchhandlungen von allen Dozenten kaufen konnte. Ich wurde glutrot, und Lotte begann zu kombinieren. »Er ist schwierig und wählerisch«, sagte sie, »und ich glaube, er will nur eine Christin heiraten.« »Ich will eigentlich auch keinen Juden heiraten«, sagte ich. Und dabei blieb es.

Zwischen Lotte und mir waren die Reserven gefallen, wir wurden eine für die andere zum Studienobjekt: ich, die Jüdin, verkörperte für sie einen Teil ihres Wesens, einen Teil, der sie brennend interessierte, und den zu enträtseln sie sich ein ganzes Leben abmühte. Sie erschien mir als die außerordentlich attraktive Mischung, die Verkörperung zweier Welten mit allen Konsequenzen im Charakter, in der Lebensführung

und in den Absichten für die Zukunft. Zugleich war ich zum ersten Mal gezwungen, meine eigene Position scharf zu durchdenken. Ich mußte mich mit dem Begriff »Jüdin«, den ich bis jetzt angewendet hatte, ohne dabei etwas zu denken, und seinem Hintergrund von Rasse und Religion auseinandersetzen. Ich war ohne Glauben aufgewachsen, wußte nichts von der jüdischen Religion – warum fühlte ich mich als Jüdin? War es Rassenzugehörigkeit, Volkszugehörigkeit (Begriffe, die damals nicht in aller Munde waren), Kulturbewußtsein? Wo existierte diese Kultur, die nicht die meine war? Es waren dieselben Fragen, die fünfzehn Jahre früher bei der Eheschließung meines Onkels in unserer sonst so freidenkenden Familie aufgetaucht waren. Und hier war Lotte, die zur Kirche ging, fest im Christentum wurzelte und doch fühlte, daß sie noch ein anderes Teil in sich hatte, daß sie nicht hundertprozentig dazugehörte. Welcher Art war dieses andere Teil? Sie wußte viel mehr von religiösen Dingen als ich, denn ihr Studium schloß das Hebraikum ein. Ich ging oft mit ihr in Harnacks Vorlesung über das »Wesen des Christentums«. Sie und ihre Familie standen in Frankfurt einem Pfarrer der deutsch-reformierten Gemeinde nahe, einer eigenartigen Mischung von Seelsorger, Missionar, Redner und Wissenschaftler. Er war der Pfarrer für die Konvertiten, die gemischten Familien, die Vornehmen und die Intellektuellen, die Zweifelnden und Nachdenklichen – seine Sonntags- und Feiertagspredigten waren Kunstwerke.

Lotte war ein phantasievoller Mensch. Das Band einer Vergangenheit, die sie nie erlebt hatte, die generationenweit zurücklag, schien sich um sie zu schlingen, wenn sie an jüdischen Feiertagen in der Nähe der Synagoge vorbeiging... »Dann erfaßt mich immer Neugier, und ich fühle mich denen verbunden, die dort ein- und ausgehen.«

Eines Vormittags geschah etwas äußerst Unwirkliches: Professor Freudenthal erschien im Staatsrechtlichen Seminar bei Professor Anschütz. Er saß leibhaftig neben ihm in Zivil, und er hospitierte nochmals ein paar Tage später, schon auf dem Rückweg zum Kommando Ober-Ost in der strahlenden Majorsuniform eines Kriegsgerichtsrates. Er setzte sich neben mich in meine Reihe und erkundigte sich, wie es mir und meinen Studien ginge. Die unwirkliche Wirklichkeit war ausschlaggebend – ich sagte nicht mehr, daß ich »eigentlich« keinen Juden heiraten wolle, sondern vertrat nun die Meinung, daß Menschen gleicher Religionszugehörigkeit und ähnlichen Hintergrundes vermutlich glücklicher in der Ehe seien als andere. Die Erfahrungen mit Lotte zeigten mir einen ganzen Komplex von Schwierigkeiten. Auch Lotte gab zu, daß es selbst in dem harmonischen Leben ihrer Eltern innerlich einsame Stunden gegeben hätte, Zeiten, in denen die Brücken zueinander fehlten. Es war noch etwas anderes da, was weder Lotte noch ich damals diskutieren konnten, da wir beide viel zu wenig vom Traditionsgut und dem Geist des Judentums wußten.

Während der Weihnachtsferien in Frankfurt rief Professor Freudenthal an und lud Lotte, Ingrid und mich zum Nachmittagskaffee ein; sein Bruder, der Fliegeroffizier, sei auf Fronturlaub für wenige Tage bei ihm. Wir fühlten uns sehr geehrt und amüsiert, drei hübsche Mädchen bei zwei attraktiven Männern in einer Junggesellen-Wohnung. Der Bruder war eine Überraschung. Noch einen Kopf größer als der Professor und dreizehn Jahre jünger, blond und blauäugig, voller Witz und Humor, brillant und brillierend. Lotte erzählte später, er habe sich vor einigen Jahren bei ihrem Freund, dem Pfarrer der reformierten Gemeinde, taufen lassen (der Professor sei nicht getauft), er sei ein glänzender Jurist und ein ebenso begabter Musiker, aber noch viel schwieriger als der Professor, unausgeglichen und ohne Balance. Ich war wieder sehr befangen und überließ der temperamentvollen Lotte die Gesprächsführung.

Ein paar Tage später saß Professor Freudenthal einige Reihen vor mir im Kammerkonzert, und ich konnte stundenlang sein Profil beobachten. Er verabredete in der Pause mit mir als Treffpunkt die Säule am Ausgang. Während wir durch die Verdunkelung nach Hause gingen, sprachen wir zum ersten Mal ernsthaft wie zwei erwachsene und verantwortungsbewußte Menschen miteinander – und nicht wie Schülerin und Lehrer –, und wir wußten danach, daß dies nicht das letzte Gespräch sein würde.

Der Rest des Winters in Berlin war grauenhaft kalt,

es gab keine Kohlen, und das Essen wurde immer schlechter. Ich begann, schrecklich zu husten. Als ein Kälte- und Schnee-Höhepunkt ist mir ein Fackelzug in Erinnerung, den die Studentinnen der Berliner Hochschulen zu irgend einer festlichen Gelegenheit der Kaiserin darbrachten. Es war ein wunderbarer Anblick, die schneebedeckten Brücken und Schlösser, der lange Zug der Fackelträgerinnen in der kalten Winternacht – wie ein Gemälde von Menzel. Für meinen Husten war es nicht das Richtige, und als er immer schlimmer wurde, schickte mich ein Arzt, der Keuchhusten feststellte, schleunigst, ehe ich das ganze Viktoria-Studienhaus ansteckte, nach Frankfurt zurück. Dort las ich in der Zeitung, daß die Regierung Herrn Professor Freudenthal für seine Verdienste um die Universität den Geheimratstitel verlieh. Ich hatte Minderwertigkeitskomplexe. Was konnte nun daraus werden, da er so hoch gestiegen war? Ich gratulierte ihm, und er sandte mir Blumen und wünschte mir gute Besserung.

Vor Ostern ging ich mit Mutter zur Erholung ins Schloßhotel oberhalb Heidelberg. Lottes Mutter hatte Professor Freudenthal einen Wink gegeben, daß ich über die Feiertage mit meinen Eltern dort oben sei. Mein Herz stockte, als ich ihn im Speisesaal entdeckte; ich war blaurot im Gesicht, als ich vor ihm stand und ihn mit meinen Eltern bekannt machte. Er sprach mit ihnen, das heißt, sie sprachen mit ihm. Sie führten ihm vor Augen, was es bedeutete, wenn er als Vierundvierzigjähriger ein Mädchen von zweiundzwanzig heiraten wolle. Er antwortete, daß er entschlossen sei, aber ich entscheiden müsse. Wie vermutlich jede Frau, die verliebt ist, sagte ich, daß ich nicht an Später dächte, das wolle ich alles tragen, aber diese fünfzehn oder zwanzig Jahre, die wir noch jung waren, wollten wir unser Glück, und ich wüßte, daß wir glücklich sein würden. Es wurde beschlossen, daß wir vorerst »privately engaged« sein sollten, im Falle wir doch noch, bei näherem Kennenlernen, unsere Meinung änderten. Drei herrliche Frühlingstage durchwanderten wir die Wälder auf den Neckarhöhen, und als er nach Frankfurt zurückfuhr, wohin ich ein paar Tage später nachkam, war schon nicht mehr von »privately« die Rede. Im Gegenteil, es wurde beschlossen, daß unsere Heirat zu Pfingsten, sechs Wochen später, stattfinden solle. Er wollte keinen Tag länger warten. Ich hatte noch immer gelegentliche Hustenanfälle, und er scherzte, daß ein geheimes Verlöbnis sowieso keinen Sinn hätte, denn, wenn er Keuchhusten bekäme, wisse jedermann in Frankfurt, wo er ihn sich geholt habe.

So endeten meine Studienjahre etwas plötzlich und ohne Abschluß. Das Schönste an ihnen war, daß ich ohne Sorgen und Geldnöte studieren und mich entwikkeln durfte. Ich hatte mehrere ernsthafte Referate im Seminar gehalten und gelernt, wissenschaftlich zu arbeiten. Wir alle waren damals noch erfüllt davon, daß man eine breite Grundlage haben und so viel wie möglich in sich aufnehmen sollte, sowohl an Wissen als an menschlich-persönlichen Erfahrungen. Das Bildungsideal auf breiter Grundlage, wie es wohl am reinsten von Wilhelm von Humboldt verkörpert wurde, war in jener Zeit noch lebendig – auch bei den Lehrern, die noch nicht Spezialisten waren und sich bemühten, ihren Stoff ohne weltanschauliche Färbung und objektiv weiterzugeben. Sie waren Gelehrte, und noch galt es als eines Hochschullehrers unwürdig, wenn man seine politische oder ideologische Gesinnung herausspürte.

Als Frau hatte ich an meinen Studienjahren nur auszusetzen, daß sie so plötzlich in die Ehe einmündeten und ich gänzlich ohne praktische Haushaltskenntnisse geblieben war. Von Zeit zu Zeit fragte mein Vater zwar: »Wann lernt die Gred eigentlich kochen?« Aber diese Frage wurde von Mutter und mir leider immer als unwichtig und aus irgend einem Grunde als undurchführbar hinausgeschoben. Es war in den Kriegsjahren in der Tat nichts Kochenswertes da, und niemand konnte in der behüteten Welt meiner Jugend, in der sich die Hausfrau ihre Finger nicht schmutzig machte, ahnen, wie nötig eine praktische hauswirtschaftliche Ausbildung für die Welt von morgen und übermorgen sein würde. So bizarr und unkommensurabel es klingt – meine Erziehung versagte im Religiösen und im Hauswirtschaftlichen. Und dieses Manko verfolgt mich bis in meine alten Tage. Ich hatte alle Vorteile der modernen Erziehung ohne ihre Nachteile genossen, aber einiges Nützliche und Wertvolle aus der alten Welt war bei mir als unwichtig und nebensächlich beiseite geschoben worden.

EHEJAHRE IN FRANKFURT AM MAIN
1917–1929

Schon während unserer gemeinsamen Heidelberger Wandertage fand ich heraus, wie dringend nötig für Berthold Freudenthal eine Gefährtin war. Kaum zu glauben, daß dieser komplizierte Mann, den eine schwere Last innerer und äußerer Probleme quälte, so viele Jahre hatte allein leben können! Er hatte Zuflucht in seiner Arbeit gefunden, im Erfolg und in einer tiefen Religiosität. Diese hing nicht mit Tradition zusammen und auch nur mittelbar mit Judentum und jüdischer Erziehung; zu seinen Lieblingszitaten gehörten solche aus dem Alten wie aus dem Neuen Testament. Vielmehr war er einfach fromm, gottgläubig und gottvertrauend, er betete jeden Abend inbrünstig und fand, wenn er erregt und nervös war, Ruhe und Trost in einem kleinen Passus aus einem Kirchenlied von Paul Gerhardt, das schon seiner Mutter Lieblingslied gewesen war: »Der Wolken, Luft und Winden gibt Wege, Lauf und Bahn, der wird auch Wege finden, wo dein Fuß gehen kann.« Wir gerieten in ein Gespräch über religiöse Dinge und waren glücklich, daß wir uns auf dieser Ebene, fern von allen Glaubenssätzen, in der Demut vor Gott finden konnten.

Berthold Freudenthal hat seit früher Jugend ein Tagebuch geführt (es sind auch Kriegstagebücher aus dem ersten Weltkrieg dabei), in denen neben dem Zeitgeschehen in oft erschütternder Weise jene Jahre der grübelnden Einsamkeit inmitten schwerer beruflicher Kämpfe, sein Gottvertrauen und seine Sehnsucht nach der Ehe geschildert werden. Er begann das Tagebuch 1890, kurz nach seiner Immatrikulation; leider ist vieles darin in einer heute veralteten Stenographie geschrieben. Daß das jüdische Problem früh an ihn herantrat, wird darin deutlich, vor allem in den Briefen, die der junge Student während seiner Studienjahre und Referendarzeit in Tübingen, Berlin und Halle (1891–1898) an seine Eltern schrieb, sowie in deren Antworten. Auszüge aus den Tagebüchern und Briefen Berthold Freudenthals finden sich im Anhang S. 174.

Berthold Freudenthals Aufzeichnungen enthüllen eine Feinfühligkeit und Gewissensstrenge, die sich bis ins Selbstquälerische steigerte, sowohl in beruflichen und wissenschaftlichen Dingen als auch in seinen Beziehungen zu den Menschen. Ich wurde mit Problemen bekanntgemacht, die mir bis dahin gänzlich fremd gewesen waren, Problemen, die mit seiner Stellung an der Universität, in der Gesellschaft und als jüdischer Hochschullehrer zusammenhingen. Und so stürzte ich mich in die Aufgabe, Frau Geheimrat Freudenthal zu werden, mit der vollen Naivität, aber auch mit dem ganzen Mut und der Frische meiner Jugend. Viele Jahre später meinte eine Freundin, die gleichfalls sehr jung einen doppelt so alten, bedeutenden Mann geheiratet hatte, daß eine gute Portion Selbstbewußtsein und Ehrgeiz dazugehören. So scharf waren diese Dinge damals nicht in mir ausgeprägt – das kam erst später. Ich liebte und hatte Selbstvertrauen – das war alles. Ich hätte im Gegenteil ein Leben weniger im Rampenlicht vorgezogen. Jahrelang noch hatte ich vor jeder Gesellschaft, ehe die Gäste kamen, das Gefühl: wenn ich nur jetzt ins Nebenzimmer gehen und mich verkriechen könnte.

Berthold Freudenthal hatte die großen Leistungen seines Lebens schon vor seiner Eheschließung vollbracht. Neben seiner Tätigkeit als Ordinarius für öffentliches Recht und Strafrecht an der Akademie für Handels- und Sozialwissenschaft in Frankfurt am Main, der Vorläuferin der Universität, entfaltete er eine praktische Aktivität großen Ausmaßes. Es entsprach seiner Veranlagung, nach den sozialen und menschlichen Hintergründen bei der Verbrechensfeststellung und der Behandlung der Verbrecher zu fragen. Dies hatte ihn schon früh zu der von Professor Franz von Liszt vertretenen modernen Erziehungs-Strafrechtsschule und zur Strafrechtspflege für Jugendliche geführt. Aus einem Brief vom November 1898 an die Eltern spricht der tiefe Eindruck, den von Liszt auf ihn machte, als er in Halle seine Habilitationsarbeit mit ihm besprach:

Berthold Freudenthal konnte die Methoden des modernen Strafvollzuges und der Jugendfürsorge auf einer großen amerikanischen Studienreise, die er 1905 im Auftrag des preußischen Justizministeriums unternahm, kennenlernen. Er brachte als Ergebnis unter vielem anderen die Ideen der bedingten Verurteilung, des Stufen-Strafvollzugs und der Schutzaufsicht mit. Es gelang ihm, das erste deutsche Jugendgericht in Frankfurt am Main ins Leben zu rufen und das erste deutsche Jugendgefängnis in Wittlich an der Mosel. Er war einer der ersten Kriminalisten, der die rechtliche Stellung des Gefangenen (im Gegensatz zu der bis dahin weitgehend willkürlichen Behandlung durch die Gefängnisverwaltungen) erkannte, und sein »Gefängnisrecht und Recht der Fürsorge-Erziehung« und »Der Strafvollzug als Rechtsverhältnis« waren für viele Jahre Standardwerke auf diesem Gebiete. Es gelang ihm, nicht nur die theoretischen Erkenntnisse, sondern buchstäblich auch die Menschen und die finanziellen Mittel für all diese Neuerungen und Einrichtungen zu gewinnen. Als Junggeselle hatte er Eingang in die einflußreichen und reichen Häuser der Stadt, und so stellte er oft mit viel Geschick die Verbindung vom Geber zur Institution her.

Als außerordentlicher Erfolg dieser Verbindungen ergab sich während seiner Rektoratsperiode im Jahre 1911/12 der Stiftungsvertrag für die künftige Universität Frankfurt. Unterstützt von den Großen und Bedeutenden der Stadt, an ihrer Spitze dem damaligen Oberbürgermeister Franz Adickes, gelang es, unter Zusammenfassung aller bestehenden Institute, die Mittel für die im August 1914 ins Leben tretende Johann-Wolfgang-Goethe-Universität sicherzustellen. Es waren zum großen Teil Mittel, die reiche jüdische Familien oder deren Nachkommen gestiftet hatten.

In dieses weitverzweigte Beziehungsnetz zu Universitäten und Regierungsstellen, zur eleganten Gesellschaft und zur nicht-eleganten Beamtenschaft, zur wissenschaftlichen Forschung und zur täglich sich erneuernden Tätigkeit eines Hochschullehrers wurde ich nun gestellt. Mein Mann war mir in der Bewältigung dieser Aufgabe eine ausgezeichnete Hilfe, denn er kam selber aus einem Professorenhaus, in dem mit bescheidenen finanziellen Mitteln und einer fünfköpfigen Kinderschar aus schwerstem Beginn heraus große wissenschaftliche und gesellschaftliche Erfolge erreicht worden waren. Zu unserer Eheschließung schrieb er für mich und für seine Geschwister einen kleinen Lebensabriß »Unsere Eltern«, in dem mit feinen liebevollen Strichen die Gestalt des Vaters, des Breslauer Philosophen Geheimrat Freudenthal, und der Mutter, die eine Tochter des Berliner Oberrabbiners Michael Sachs war, gezeichnet wurde.

Meine freireligiöse Religionszugehörigkeit kam übrigens während meiner Brautzeit zu lächerlich-plötzlichem Ende: Als wir aufgeboten und nach der Religion gefragt wurden, gab ich pflichtgemäß »freireligiös« an. Als der Beamte dies hörte, legte er die Feder hin und sagte, daß er dafür eine spezielle Bescheinigung brauche. Um den Aufschub zu vermeiden, – denn wir wollten innerhalb von sechs Wochen heiraten, – sagte ich schnell »bitte, schreiben Sie jüdisch.« Dafür brauchte ich offenbar keine Bescheinigung. Mein Verlobter sah mich erstaunt an, er fürchtete wohl, daß ich auch in anderen Dingen meine Überzeugungen so rasch wechseln würde.

Aber wir entschieden uns nach *meiner* Überzeugung für eine zivile Trauung ohne religiöse Zeremonie mit nachfolgendem kleinen Essen im Familienkreise im »Frankfurter Hof«. Es war Krieg, und wir fuhren zum Standesamt in der Trambahn. Aber zum »Frankfurter Hof« hatten wir uns ein Taxi bestellt, das nicht kam. So fuhren wir in der Trambahn zum Bahnhof, aber dort war weit und breit kein Auto zu sehen. Plötzlich entdeckte ich eines am anderen Ende des Bahnhofsplatzes. Ich rannte im weißen Brautkleid mit wehendem Schleier in meinen Seiden-Schuhchen quer über den Platz und erwischte es – es muß ein kurioser Anblick gewesen sein. Und so begann unter den Klängen des Mendelssohnschen Hochzeitsmarsches, den mein Vetter Hans auf dem Klavier spielte, unsere Ehe. Weder mein Schwager noch mein Onkel hatten Urlaub von der Front erhalten; die Schwestern meines Mannes mit ihren Kindern und unsere Familie waren da, und Ise war gekommen.

Unsere Hochzeitsreise an den Bodensee war wie ein Traum; es existierten Photos von uns, auf denen wir reichlich animalisch ausschauen – er im Pyjama, ich im Morgenkleid.

Es gehörte zu jener Epoche unseres Lebens, daß wir das »Bilderbuch für Verliebte« mit Begeisterung lasen und uns eine ganze Zeit lang nur in derselben seltsamen Sprache der Claire aus Tucholskys »Rheinsberg« miteinander unterhielten. Offenbar schrieben wir Tucholsky einen neugierigen Brief, daß wir doch gar zu gerne den Inhalt des geheimnisvollen Pakets vom Schluß des Buches wissen wollten, denn wir erhielten darauf eine reizende persönliche Antwort.

Es bestand von Anbeginn an ein besonders inniges Verhältnis zwischen meinem Mann und meiner Mutter, die einander ja im Alter sehr nahe waren, und in vielen Lebenslagen holte er sich Rat bei ihr – oft einen weiseren und verständnisvolleren als bei mir, der so viel Jüngeren. In wie vielen Schriften steht die Widmung »Derjenigen, die mir Mutter ist und Freundin«. Ich übernahm nicht nur die Junggesellenwohnung, sondern auch die Hausangestellte meines Mannes, die ihm schon mehrere Jahre die Wirtschaft führte. Sie war eine vernünftige und tüchtige Person, bei der ich viel lernte und mit der ich sehr gut auskam. Ich stellte meinen Schreibtisch neben den meines Mannes, aber mein weißes Jungmädchen-Schlafzimmer ins Gastzimmer. Während die Doppelschreibtische sehr gut funktionierten, waren die getrennten Schlafzimmer – ein Vorschlag meines Mannes, der mich mit seinem durchlöcherten Schlaf nicht stören wollte – nicht ganz das Richtige. Als der Hausarzt, der auch ein sehr guter Psychiater war, es entdeckte und mein Mann über Nervosität und Schlaflosigkeit klagte, fuhr er uns an: »Beendigen Sie schleunigst Ihre hochfürstliche Ehe.« So stellten wir mein weißes Bett neben sein braunes, und er konnte sich aussprechen, oft auch schreiben, wenn ihm des Nachts Gedanken kamen, und dann erleichtert wieder einschlafen. Und in jenen Jahren meiner Jugend fand auch ich schnell wieder Schlaf.

Frankfurt hatte viele Luftabwehr-Warnungen. Wir wohnten im dritten Stock und gingen pflichtgemäß jedesmal in den Keller. Aber in den ersten wirklichen (und ich glaube einzigen) Luftangriff auf die Innenstadt geriet mein Vater, als er aus der Frankfurter Bank heraustrat und an der nächsten Ecke Menschen getötet und verletzt wurden. Er konnte sich lange Zeit von diesem Schock nicht erholen und ein seit einigen Jahren bestehendes Herzleiden wurde immer schlimmer, besonders auch, da er den geschäftlich-aufregenden Anforderungen der Kriegszeit nicht mehr gewachsen war. Die Firma hatte große Heereslieferungen. Er schied aus dem Unternehmen aus, und meine Eltern erwarben ein hübsches Haus mit einem großen Obstgarten in Bad Homburg am Taunus, vierzig Minuten mit der Trambahn von Frankfurt entfernt, wo es schön und friedlich war und wesentlich mehr zu essen gab als in der Stadt.

Im Herbst staunte ich, als Hanna, unsere Wirtschafterin, eines Tages den Zylinder herausholte, ihn schön gebürstet mit dem dunklen Anzug aufs Bett legte und ein paar Tage später erklärte, daß sie morgen nichts kochen würde, da der Herr Geheimrat fasten müsse. Er hatte immer seinen Platz in der Synagoge und ging zum Erstaunen seiner Studenten voll Stolz zu den Hohen

Herbstfeiertagen mit dem Zylinder auf dem Kopf durch die halbe Stadt. Ich hörte erst viel später, daß man diese Juden – zum Unterschied von denjenigen, die regelmäßig zum Gottesdienst gingen – die »Jom Kippur-Juden« nannte. Ich ging nicht, und ich wollte auch keinen Platz im nächsten Jahr, als man mich fragte.

Von der Einweihung der Westend-Synagoge erzählte Berthold folgendes Geschichtchen: Er ging im Tempel mit Oberbürgermeister Adickes herum, der sich nachdenklich die in einem modernisiert-orientalischen Stil gehaltenen Fresken ansah und fragte: »Warum haben Sie lauter Begebenheiten und auch den Stil von Völkern festgehalten, die Ihre Verfolger waren?« Darauf kam die Antwort: »Kann mir Eure Exzellenz ein Volk nennen, das *nicht* zu unseren Verfolgern gehörte?«

Es wurde 1918, und eines Tages standen wir dicht gedrängt in einer riesigen schweigenden Menschenmasse vor dem Büro der Frankfurter Zeitung und warteten auf die Nachrichten, die dort herauskamen, Abdankung und Flucht des Kaisers, Waffenstillstands-Unterzeichnung, Revolution in Kiel und Berlin. Mein Mann hatte das Gefühl, als ob die Welt unterginge. Jedenfalls *seine* Welt! Aufgewachsen im Glauben an Bismarcks Reich, an die Hohenzollern, an ein großes und sieghaftes Preußen und Deutschland, war dies ein schwerer Schlag. Es war in der Folgezeit für einen Lehrer des Staatsrechts noch ein Stück schwerer, da er umlernen und sich von der Bismarckschen Verfassung zur Verfassung der Republik umstellen mußte. Ich selbst konnte wieder einmal nicht richtig patriotisch fühlen, mein Herz schlug nicht für Kaiser und Vaterland, und ich war ganz und gar nicht in Weltuntergangsstimmung, sondern glücklich, daß das Morden endlich aufgehört hatte.

Mein Onkel war gerade auf Erholungsurlaub von der Front in Bad Homburg. Er hatte Angst, in den Revolutionstagen in Offiziersuniform nach Hause zu fahren. So zog er meines Vaters Zivilanzug an und schlug sich in die Pfalz durch. Monatelang hing seine Hauptmannsuniform mit dem Eisernen Kreuz erster Klasse und dem Säbel »Mit Gott für König und Vaterland« bei meinen Eltern im Schrank. Andere machten es genau so, und man war erstaunt, daß sich trotzdem noch eine geordnete und würdige Heimkehr inszenieren ließ, denn eines Tages sahen wir von einem Balkon in der Bockenheimer Landstraße aus die Frankfurter Regimenter mit klingendem Spiel durch die Straßen ziehen. Für sie schlug mein Herz, die in der Hölle standgehalten hatten, während die Kollegen um mich herum im geordneten Heimmarsch die sieghafte Armee sahen, das Heer, das nicht geschlagen worden war.

Es war eine seltsame Zeit, die damals begann, voller Aufregungen und Überraschungen, aber auch voll Auftrieb und Leben. Es war die Zeit der Revolutionen, der Putsche und politischen Morde, der Kämpfe um Unterzeichnung und Erfüllung des Versailler Vertrags, der Kämpfe um die Brückenköpfe, als wir die französischen Freudenfeuer auf den Taunushöhen dicht vor unserem

Hause sahen; die Zeit der nächtlichen Unsicherheit, wenn der Herr Geheimrat und der Herr Schornsteinfeger streng demokratisch auf Wache auszogen und auf die Herren Diebe warteten. Aber es war die kurz bemessene Versuchszeit deutscher Demokratie und deutscher liberaler Gesinnung. Innerlich gelockerte Menschen aller Stände hörten die Wegbereiter der ersten Wahlen für die Weimarer Verfassung, sie hörten, wie Deutschlands größter Soziologe, Max Weber, auf einer Riesen-Wahlversammlung Wilhelm II. »einen Lümmel auf dem Throne Friedrichs des Großen« nannte, sie gingen zu modernen Theater-Aufführungen von Büchner bis Fritz von Unruh, zu Rezitationen moderner Literatur, sie besuchten moderne Kunstausstellungen, und es war nicht mehr nötig, Schönberg oder Strawinsky in die Mitte des Konzertprogramms zu setzen; selbst wenn sie am Schluß standen, lief das Frankfurter Publikum nicht mehr fort. Ein neu berufener jüdischer Nationalökonom konnte seine Antrittsvorlesung an der Frankfurter Universität mit den Worten beginnen »Ich bin Sozialist«. Uns Frauen gab man endlich das Wahlrecht, Lehrerinnen konnten weiter lehren, auch wenn sie verheiratet waren, Hausangestellte erhielten gesetzlich einen halben freien Tag in der Woche, und Trinkgelder wurden abgeschafft. Ein jüdischer Anwalt aus Frankfurt wurde auf den neu errichteten Lehrstuhl für Arbeitsrecht berufen.

In jener Zeit schrieb mein Mann mehrere Arbeiten, die vom Blickpunkt des Staatsrechtslehrers aus zu zeitpolitischen Fragen Stellung nahmen, er hielt Reden und Vorträge in der Aula der Frankfurter Universität, die danach im Druck erschienen: »Der Student als Staatsbürger« vom 3. Juli 1919, »Wider die Auslieferung« vom 13. Februar 1920 und »Die politische Erziehung des Deutschen«, bei I.C.B.Mohr 1921 erschienen. In allen klang die große Sorge an, daß das Volk, das so plötzlich und nach einem verlorenen Krieg an Stelle der alten Machtfaktoren ans Ruder kam, politisch unreif sei, und Vorschläge wurden gemacht, um es politisch, ohne Parteipolitik, zu erziehen.

Dies alles wurde von einem deutschen Juden, der zu Deutschen über deutsche Belange sprach, vorgebracht. Auszüge aus seinen Tagebüchern geben davon ein deutliches Bild. Aber zur gleichen Zeit – 1920 – erschienen rote Zettelchen auf seinen und anderer jüdischer Professoren Vorlesungsankündigungen am schwarzen Brett: »*Deutscher Schutz- und Trutzbund. Von den Universitätslehrern sind 15% Juden, dagegen kommt nach der Bevölkerungsziffer auf 100 Deutsche nur 1 Jude. Wir verlangen deutsche Lehrer für deutsche Schüler. Hamburg 1, Postschließfach 38.*« Dies nahm so überhand, daß ein nichtjüdischer Vertreter in der Frankfurter Stadtverordneten-Versammlung die Sache zur Sprache brachte: Außerordentlich bedauerlich seien die antisemitischen Niederschriften in den Lehrsälen der Universität. So etwas zeuge von einem bedauerlichen geistigen Tiefstand, und es wäre wirklich zu überlegen, ob man für ein solches Institut jährlich aus städtischen Mitteln 600000 Mark hergeben solle. Oberbürgermeister Voigt sagte in seiner Antwort, das Bekritzeln der Wände in der Universität sei eine Flegelei. Aber man dürfte doch dadurch nicht die Beziehungen der Stadt zur Universität beeinflussen lassen. In dem gleichen Jahr wurden von ruchloser Hand auf dem alten Friedhof der jüdischen Gemeinde in meiner Heimatstadt Speyer am Rhein eine Anzahl von Grabsteinen umgeworfen und zum Teil beschädigt.

Es kam die Zeit der großen Kollegs und der Jahreseinteilung in drei statt zwei Semester. Der Andrang der vom Kriege zurückflutenden jungen Menschen zum Studium war gewaltig, vor allem zu den Fächern, die man später leicht und schnell praktisch verwenden konnte wie Volkswirtschaft, Betriebswirtschaftslehre, Bank-, Handels- und Sozialwissenschaften. Und gerade für diese Studiengebiete waren »Einführung in die Rechtswissenschaft« und »Staatsrecht« Pflichtfächer. Mein Mann mußte das erstere eine zeitlang in der Aula halten und das letztere im Auditorium Maximum.

Es war ein Kennzeichen der neuen Demokratie, daß ganz andere Kreise als früher nach Bildung und Studium strebten; zugleich griff aber durch die Massenabfütterung mit Wissenschaft eine große Verflachung um sich. Die Professoren, die das Glück hatten, solche großen Vorlesungen zu halten, waren zu ihrem Erstaunen über Nacht Großverdiener geworden, denn die Einnahmen an Kolleggeldern waren Extra-Einnahmen zusätzlich zum normalen Gehalt.

Im Frühling 1919 bezogen wir ein Einfamilienhaus in der Häberlinstraße 53, das wir von einem Kollegen gekauft hatten. Ein guter Münchner Architekt hatte es vor dem Krieg gebaut und mit viel Charme den Stil seiner besonderen Lage auf einem Hang mit weitem Blick über die Niddawiesen zu den Taunusbergen angepaßt. Des Blickes wegen waren die Schlafzimmer und der Küchenteil im Parterre und die Wohnzimmer im ersten Stock. Von der Küche ging ein Speiseaufzug herauf ins Eßzimmer mit seiner gemütlichen Eckbank, und überall fingen große Fenster und weit ausladende Veranden die bezaubernde Landschaft ein. Ein Blumenfenster auf halber Höhe machte die unvermeidliche Treppe reizvoll und weniger anstrengend.

Es war das erstemal, daß ich mich in einen Blick verliebte; weitere Blick-Häuser sollten in meinem Leben folgen, und jedesmal mußte ich den Preis des Treppensteigens für meine Begeisterung zahlen. Inzwischen hatten wir es sogar zu einem kompletten Schlafzimmer gebracht, dagegen trennten sich unsere Schreibtische. Ich hatte ein eigenes Wohnzimmer, mein Mann ein großes Studierzimmer, in dem auch das alte Stehpult seines Vaters mit hohem geschnitzten Stuhl Platz fand, an dem er gerne arbeitete. Hanna wurde pensioniert, ich hatte jetzt eine Köchin und ein Hausmädchen. Und ich arbeitete wieder ernsthaft im Seminar meines Mannes, er diktierte mir seine Manuskripte, und ich las Korrektur.

Das Haus war nicht für große Gesellschaften gemacht, aber Geselligkeit im kleinen Kreis begannen wir nun zu pflegen, nachdem der Krieg und unsere Junggesellenwirtschaft hinter uns lagen und ich mich inzwischen an den Geheimrätlichen Stil gewöhnt hatte. Wir hatten das Prinzip, unsere Einladungen immer gut zu mischen, Juden und Christen, Beamte und Nichtbeamte, Studenten und Studentinnen, und alles zu vermeiden, was nach Üppigkeit aussah.

Eine Bekannte sagte mir einmal später, daß sie niemals jemanden erlebt habe, der so vollkommen, auch im Äußeren, seinen Stil verändert hätte wie ich. Ich wurde zwar von einem guten Modehaus angezogen, aber die Losung war »fein und einfach, nur nicht auffallen«. Mit anderen Worten, wer als Jude in diesen Kreisen leben wollte, mußte noch ein Stück bescheidener und lautloser auftreten, als es dem in diesen Kreisen betonten altpreußischen Ideal der Genügsamkeit und Einfachheit entsprach. Mein Mann pflegte zu sagen, daß er überall, wo er hinkäme, sei es in eine Gesellschaft, ein Hotel, in eine Eisenbahn oder zu einer Konferenz, immer wieder aufs neue beweisen müsse, daß er keine silbernen Löffel stehle.

Für unsere Gemeinschaft gibt es einen schönen englischen Ausdruck »closely knitted« (»eng gewebt«, ich kenne kein solches Wort im Deutschen), und ich wäre restlos glücklich gewesen, wenn es nicht doch etwas gegeben hätte, über das ich mir von Anfang an Gedanken machte. Ich lebte in der Unsicherheit, ob ich ein Kind bekommen könnte. Nach ärztlichem Befund war es möglich, aber nicht sicher. Ich tat, was man damals tun konnte, nach zweijähriger Ehe gebrauchte ich eine Kur in Schwalbach, nach vierjähriger Ehe wurde ein kleiner Eingriff gemacht. Ich wurde nervös, bei dem Altersunterschied zwischen uns war keine Zeit zu verlieren, alle vier Wochen war ich aufs äußerste gespannt und niedergeschlagen nach neuer Enttäuschung. Es gab noch einen zweiten Punkt, der sich ungünstig auswirkte, obgleich er vermutlich gar nichts mit dem anderen zu tun hatte: die letzte sinnliche Befriedigung fehlte mir, der Arzt stempelte mich als »frigid«, eine Eigenschaft, die bei vielen guterzogenen Töchtern alter Familien vorkäme. Für meinen Mann, der spät zur Ehe gekommen und in ihr glücklich geworden war, war das Kind nicht so wichtig. Er hatte ja auch ohne Nachkommen der Nachwelt genug zu hinterlassen. Er sagte, daß er lieber kein Kind wolle als eines, das vielleicht die unerwünschten Eigenschaften irgendwelcher Verwandten oder Vorfahren hätte – etwas, was man doch nie wissen könne. Ich glaube, nur mir zuliebe wurde der Gedanke an Adoption diskutiert, und wir nahmen zur Probe während der Sommerferien eine kleine Kriegswaise ins Haus. *Wir* bestanden die Probe nicht, das Kind war reizend, aber schon zu groß. Wir waren innerlich noch nicht so weit. Der Frauenarzt riet ab, wir sollten in Ruhe warten, es käme noch.

Was kam, war die Ermordung Rathenaus, die Inflation und auch das Kind, für das ich die ersten viereinhalb Monate fest liegen mußte. Als ich an einem Oktobermontag 1923 frühmorgens ins Krankenhaus mußte, war die Mark über das Wochenende wieder so gefallen, daß wir weder das Taxi noch die Hospitalkosten bezahlen konnten. Ein kleines Mädchen kam, zart und fein, es hatte die dunklen Augen und die langen Finger meines Mannes mit derselben eigenartigen Nagelbildung. Es gab keine Komplikationen. Ich fand die Geburt wunderbar, die einzig wirklich schöpferische Tätigkeit auf der Welt, und sie war den Frauen vorbehalten. Nicht ganz so rosig war es mit dem Stillen bestellt. Ich hatte nicht viel Milch und große Schmerzen beim Stillen und ließ mir schon nach kurzer Zeit gerne von den Ärzten einreden, daß es gar nicht so wichtig sei und man genauso gut Kinder mit dem Fläschchen aufziehen könne.

Die letzten Monate der Inflation im Winter 1923/24 waren schrecklich. Meine Eltern waren als Rentner in Bedrängnis wie alle Menschen, die nicht verdienten. Mein Vater verkaufte Silber und Wertgegenstände, um davon leben zu können. Es war ein bemitleidenswerter Anblick, den alten Herrn mit einem schweren Koffer zur Gold- und Silber-Scheideanstalt gehen zu sehen. Er reiste nach Gotha, um seine Lebensversicherung, die damals fällig war, abzuholen, es war auch ein Koffer – mit Papiergeld. Mein Mann hatte die größte Mühe, meine Eltern vom Verkauf ihres Hauses abzuhalten, es war ihr einziger Besitz, und sie hielten ihn zum Glück bis zum Sommer 1924, als die Mark schon stabilisiert war. Wir selbst erhielten unser Gehalt immer zum Ende des Monats für den kommenden Monat. Es war schon nach wenigen Tagen entwertet.

Der Kinderarzt, mit dem ich über die Ernährung des Kindes sprechen wollte, kam ungern, er wollte gleich bezahlt werden und nicht erst, wenn wir unser Gehalt bekamen. An der Ernährung wurde nichts geändert, das Kind bekam keine Vitamine, kein frisches Obst oder Gemüsesäfte, wie es gerade bei künstlicher Ernährung wichtig gewesen wäre. Im Januar, als ich ein gewisses Ziehen beim Weinen beobachtet hatte, rief ich den Kinderarzt an und bat dringend, daß er kommen möge. Er hatte ein Auto, aber er wollte nicht gerne über die vereisten Straßen in unseren Vorort fahren. Unsere Ursula war noch nicht vier Monate alt, als sie eines Morgens beim Windelwechseln ein ziehendes hohes Tönchen von sich gab, blau im Gesichtchen wurde und leblos in meinen Armen blieb. Ich schrie nach meinem Mann, der nebenan war, er rannte zum Telephon, der nächste Arzt kam, er machte ein paar Übungen – das Kind war tot, erstickt. Man nennt es einen Stimmritzenkrampf, einen spasmophilen Krampf, der mit der Ernährung zusammenhängt. Er soll nicht bei Brusternährung vorkommen und nicht bei Kindern, die früh Obstsäfte bekommen. Milch und Milchpräparate in jenem schrecklichen Inflationswinter waren höchst zweifelhafter Natur. Der Kinderarzt kam in größter Erregung; mein Mann sagte später, in jenem Augenblick habe er verstanden, wie man einen Mord begeht. . . Über das Telephon kam die Stimme meines

Frauenarztes, »Bitte sagen Sie Ihrer Frau, sie solle daran denken, daß sie jung sei, sie könne noch viele Kinder bekommen. . .« Daran hatte ich nicht gedacht, hier gab es so etwas wie Ersetzbarkeit, und der Frauenkörper – auch mein Körper – war dafür gemacht, es riß mich aus meiner Lähmung, alles wollte ich tun, um wieder ein Kind zu bekommen.

Die Zeit nach dem ersten Weltkrieg waren Jahre erneuter wissenschaftlicher Fruchtbarkeit für meinen Mann, er unterbaute seine kriminalpolitische Überzeugung durch Untersuchungen über das Wesen der Strafe schlechthin, wie »Strafrecht und Strafvollzug im modernen Rechtsstaat«, »Schuld und Vorwurf«, »Der Sinn der Strafe«. »Die Todesstrafe«, 1928 als Beitrag im »Handwörterbuch der Rechtswissenschaft« erschienen, mußte dementsprechend so knapp wie möglich abgefaßt sein.

In den zwanziger Jahren wurden von der Regierung und den großen juristischen Organisationen die Arbeiten für eine deutsche Strafrechtsreform und ein neues Strafvollzugsgesetz wieder aufgenommen, an denen Berthold in Wort und Schrift beteiligt war. Das Forum für diese Debatten waren die Tagungen der I. K. V. (Internationale Kriminalistische Vereinigung), des »Deutschen Juristentages« und des Vereins deutscher Strafanstaltsbeamten, zu deren Vorstandsmitgliedern er gehörte. Diese deutschen und internationalen Kongresse – in Bamberg, Hamburg, London, Breslau und Salzburg –, an denen ich teilnahm,waren gesellschaftlich glänzende und juristisch bedeutsame Ereignisse, und Bertholds Vorträge, die ich so genau kannte, da ich sie getippt und im Studierzimmer gehört hatte, standen natürlich für uns persönlich im Mittelpunkt der Angelegenheit.

Es waren die ersten Reisen nach dem Weltkrieg und der Inflationszeit. Es schien nach langer Zeit so etwas wie eine Konsolidierung in Deutschland zu geben, und wir konnten uns an der Welt außerhalb Deutschlands freuen. Die Sorgen schwanden, und selbst ältere Leute wie wir begannen, sich mit den neuen Tänzen zu befreunden und Tanzstunde zu nehmen. Zum Besten der Erhaltung der Altstadt öffnete sogar die Frankfurter Stadtverwaltung sämtliche Räume des Römers für einen großen Maskenball. Es war ein wunderbarer Anblick, durch Treppenhaus und Kaisersaal die bunten fröhlichen Menschenmassen fluten zu sehen, die dem Wunsch der künstlerischen Leitung gemäß stilvolle und zum Teil wertvolle Kostüme und Masken trugen. Ich selbst hatte ein altes Biedermeier-Kleid aus Familienbesitz an, das gut zu meinem Typ und zu meinen Haaren, die ich damals noch in Schnecken über den Ohren trug, paßte. Als ich mit meinem Mann tanzte, der sich durch die Maske unerkannt glaubte und deshalb viel besser und leichter als sonst dazu aufgelegt war, kam ein venetianischer Gondoliere auf uns zu, nahm mich aus den Armen meines Mannes, rief ihm auf gut Frankfurterisch zu »Gell, da staunste?« und englisch-walzte mit mir davon. Es war Kurt, mein Frankfurter Kommilitone, dessen lustige gelbbraune Augen ich durch die Maske erkannte. Mit ihm zu tanzen war ein Vergnügen, ich war auf einmal gelöst und folgte seinen Bewegungen, wir tanzten wortlos und hätten bis ans Ende der Welt so tanzen können.

Damals sah ich zum erstenmal Breslau, die Geburtsstadt meines Mannes, als wir 1924 zur Fünfzigjahrfeier seiner Studentenverbindung des A.L.V. (Akademisch-Literarischer Verein) dorthin fuhren. Diese Tage in einer Atmosphäre des Wiedersehens mit den Menschen und der Stätte der Jugend und der Jugendfreundschaften auf dem Hintergrund der wunderbaren alten Universitätsstadt, die so ganz anders war als die westlichen Städte, sind mir unvergeßlich. Professor Haber, der berühmte »Stickstoff-Haber« und Nobelpreisträger, hielt eine tiefe und gedankenvolle Festrede. Ich fand dort eine Freundin, die Frau eines Jugendfreundes meines Mannes. Sie war in meinem Alter und fast vierundzwanzig Jahre jünger als ihr Mann, ein bekannter Kinderarzt und Leiter der Breslauer städtischen Säuglingsklinik. Sie war mir im Äußeren ähnlich, sie kleidete sich ähnlich, wir hatten den gleichen Geschmack. Es war eine seltsame Erfahrung, wie man sie sonst, jenseits der Schul- und Studienzeit, nicht so leicht erlebt.

Dieses Ehepaar war mit einem Kreis alteingessener jüdischer Breslauer Familien verbunden, die wiederzusehen für meinen Mann und kennenzulernen für mich eine große Freude war. Mein Mann hatte mir einmal erzählt, welchen Eindruck ihm nach seiner Übersiedlung nach Frankfurt zu Beginn des Jahrhunderts die westliche Welt mit ihrem freieren Leben, ihrer üppigen Vegetation und ihrem warmen Klima gemacht hatte. Weinberge und Kastanien! – er glaubte beinahe nach Italien zu kommen. Nun fiel mir umgekehrt auf, daß offenbar die karge und rauhe Umgebung und die weite Entfernung von den westlichen Zentren die Menschen Schlesiens enger aneinander band, ich fand weniger Steifheit und Hochmut als im Westen und weit mehr ursprünglichen und menschlichen Zusammenhang.

Eines Morgens rief uns ein Herr an, der sich als der Sekretär des Herrn Jakob Wassermann vorstellte, er wollte eine Verabredung für einen Besuch des Dichters bei meinem Mann treffen. Wassermann kam mit Frau und Sekretär. Ich war etwas enttäuscht, ich hatte ihn mir größer vorgestellt. Der schöne, leicht semitisch wirkende Kopf, von dem ich Bilder gesehen hatte, gehörte auf eine hochgewachsene Statur. Die Augen fielen auf; sie waren schön und ausdrucksvoll, aus ihnen sprach die Fabulierkunst. Mit einem Blick auf ein Aktenbündel auf dem Stehpult meines Mannes rief er gleich beim Eintritt aus: »Der Fall Hau? Gerade deswegen kam ich, um mit Ihnen über dieses Problem zu sprechen.«

Es ergab sich, daß er an einem Roman arbeitete, der einen lebenslänglich verurteilten Mörder zur Zentralfigur hatte, dessen Fall, da Zweifel bestanden, wiederaufgenommen wurde. Er wollte Einzelheiten über die juristische, vor allem strafgesetzliche Prozedur, über Schwurgerichtsverhandlungen erfahren. Vor allem bat er meinen Mann, ihn in einem Zuchthaus einzuführen. Letzteres wurde arrangiert, und mein Mann verschaffte ihm die Gelegenheit, auch mit Gefangenen zu sprechen, die lange Strafen abbüßten.

Er schickte uns einige Zeit danach den ersten Teil des Manuskripts, in seiner sehr kleinen feinen Handschrift mit vielen Durchstreichungen geschrieben. Es war »Der Fall Maurizius« (2. Band »Etzel Andergast«). Er komponierte seine Bücher, aber er komponierte mit viel psychologischer Einsicht und Phantasie und einer unerhörten Meisterung der deutschen Sprache. Einer bestimmten Figur des Manuskriptes hatte er Homosexualität zugedacht. Mein Mann schrieb ihm, er fände, daß die Gestalt auch ohne diesen Zug schon unsympathisch genug sei. Im überarbeiteten Manuskript blieb dieser Zug fort. Er dachte auch an das Publikum beim Schreiben und in der Wahl seiner Themen. Dostojewski und Tolstoi hatten damals durch neue schöne Übersetzungen überall Eingang gefunden; diese russischen Gestalten waren Vorbilder für Christian Wahnschaffe, Etzel Andergast und andere. Aber er war kein Dostojewski, auch kein Gottfried Keller oder Fontane, sondern ein sehr begabter Romancier. Seine damalige Frau, Martha Karlweis, war eine charmante und kluge Blondine, sehr künstlerisch und gleichfalls schriftstellerisch tätig. Er hatte eine schwere Ehetrennung hinter sich und war noch nicht lange wieder verheiratet. Mit dieser mehrere Jahre dauernden Bekanntschaft hängt zusammen, daß ich sämtliche Romane Jakob Wassermanns besitze; er schickte sie mir, und in den meisten stehen Widmungen in seiner winzigen Schrift »In freundschaftlicher Sympathie«.

Auf eine andere bedeutende Persönlichkeit des öffentlichen Lebens trafen wir damals durch einen Zufall. Mein Mann lernte in einem süddeutschen Berghotel 1923 Herrn und Frau Gröner kennen und freundete sich auf langen Wanderungen mit ihnen an. Daraus ergab sich eine zwar nur gelegentliche, aber dann um so intensivere Korrespondenz, in der General Gröner seine politischen Meinungen aussprach. Diese Briefe sind vor einigen Jahren in »Die Welt als Geschichte«, als Nachtrag zu Dorothea Gröner-Geyers Werk über ihren Vater erschienen.

Ein Jugendfreund meines Mannes aus seiner Breslauer Studienzeit war der große Schauspieler Friedrich Kayßler. Er gehörte einstmals zu einem kleinen Kreis gleichgesinnter junger Menschen, der auch den früh verstorbenen Dichter Christian Morgenstern einschloß. Wenn immer Kayßler und seine Frau Helene Fehdmer in Frankfurt gastierten, waren sie bei uns. Es konnte gar nicht anders sein. Wie vielen Künstlern war es ihnen unmöglich, *vor* der Vorstellung etwas zu sich zu nehmen. Nach der Vorstellung aber gab es in Frankfurt, dieser »Stadt für kleine Kinder«, wie Kayßler sie nannte, nichts Ordentliches zu essen – außer bei uns zu Hause. Es war immer ein großer Genuß, nicht nur das wunderbare Zusammenspiel dieses Ehepaares zu sehen, sondern sich auch mit ihnen zu unterhalten. Sie lebten in einer anderen Welt. Nicht nur, weil große Künstler überhaupt in einem luftleeren Raum leben, der von dem der bürgerlichen Welt weit entfernt ist. Diese beiden waren auch von ihren Kollegen in einer besonderen Weise geschieden, das Wort von der »anima candida« mußte auf sie geprägt sein. Friedrich Kayßler *konnte* den Götz von Berlichingen und den Florian Geyer spielen, weil er das Beste in sich vereinigte, was es in der deutschen Seele gab, besser ausgedrückt, wie die Deutschen glaubten zu sein oder sich zu sehen wünschten: ein Idealbild, das sie nur in den allerseltensten Fällen erreichen.

Zu den interessantesten Persönlichkeiten aus unserem nächsten Umkreis, dem ich persönlich sehr viel verdanke, gehörte ein Nachbar, der damals sein Haus auf den Niddahöhen baute, der Frankfurter Stadtarchitekt Ernst May. Es war ein Frankfurter Kind aus alter Frankfurter Familie mit jüdischem Einschlag. Schon lange ehe er kam, gingen Gerüchte um, daß er ein Haus ohne Dach baue. Wir konnten uns das nicht vorstellen und gingen täglich dorthin, um zu beobachten. Es hatte natürlich ein Dach, aber ein flaches, und so war es auch mit den kleinen, weißen Siedlungshäuschen in einer Wohnkolonie, ebenfalls nicht weit von uns. Und dann kam Herr May selbst und erklärte uns in Vorträgen und Aufsätzen, was »funktionelles Bauen« sei, ganz kurz gesagt: Nur was praktisch und zweckmäßig sei, sei auch schön; alles andere nebst den Hausfrauen selbst, die nicht logisch denken wollten, gehöre in die Rumpelkammer. Ich begann mein ganzes Leben von früh bis spät neu zu durchdenken, und ich gab mir Mühe, auch meinen alten Haushalt, der viel Ballast und Leerlauf enthielt, einigermaßen umzustellen.

May baute natürlich ohne Dachboden und ohne Keller, da ja kein Gerümpel da war. Und da man im Innern nicht viel zu verbergen hatte, konnte so viel Glas wie möglich verwendet werden und Sonne, Luft und Licht und der Anblick blühender Gärten in die Häuser dringen. Er führte die praktische eingebaute kleine Küche ein, bei der kein Leerlauf entstand und in der die Hausfrau, ohne von ihrem Drehstuhl aufzustehen, ringsum alles erreichen konnte. Er führte Klappbetten und übereinandergebaute Betten ein, namentlich für die Kinder, um so viel Platz wie möglich für den Tagesraum zu gewinnen.

Stadtrat May hatte viele Widerstände zu überwinden. Wenn er in seinen Vorträgen bei der Forderung angekommen war, daß man keine Tischtücher mehr brauche, sondern eine abwaschbare Milchglasplatte fürs ganze Leben genüge und den großen Vorteil habe, daß er den Kakaoflecken, den sein kleiner Sohn am Sonntag mache, nicht die ganze Woche sehen müsse – brach regelmäßig Gegröhle und Radau aus: Wir wollen keine marokkanischen Dörfer, und unsere Kinder sollen nicht in Schiffskajüten schlafen, schrien sie. Eine Sachsenhäuser Zeitung lebte jahrelang von den Skan-

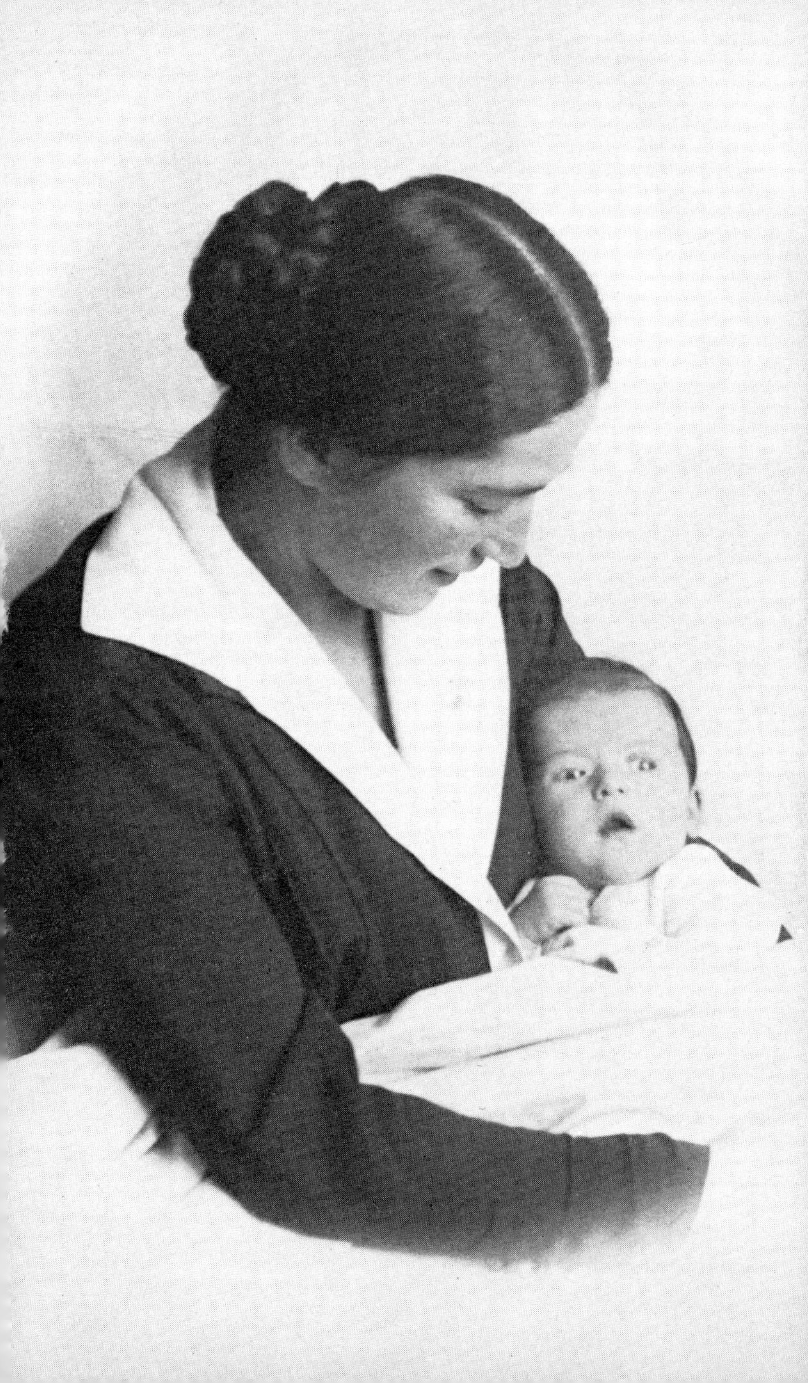

dalen, die sie allwöchentlich um die Persönlichkeit des Frankfurter Stadtbaurats herum erzählte, und das Merkwürdigste an der Sache war, daß sich nicht die Hausfrauen, die es am meisten anging, über das moderne Bauen aufregten, sondern die Frankfurter Spießbürger.

In meinem Leben gab es immer von Zeit zu Zeit Menschen, die den nachhaltigsten Einfluß auf mich ausübten. Vermutlich wäre ich an ihnen vorübergegangen, ohne auf sie zu reagieren, wenn sie nicht gerade im richtigen Zeitpunkt gekommen wären, als ich für sie innerlich bereit war.

So ging es mir damals mit Ernst May und einigen Wegbereiterinnen der »Neuen Hauswirtschaft« wie Dr. Erna Meyer mit ihrem berühmten Buch und ihrer Zeitschrift. Als mein Haushalt wuchs und wir später zeitweise zwei Hausangestellte und eine Kinderschwester hatten, als meine Zeit als Mitarbeiterin meines Mannes und mit viel gesellschaftlichen Verpflichtungen voll in Anspruch genommen war, wurde mir klar, daß ein Haushalt, genau wie jeder andere Betrieb nach rationellen Gesichtspunkten geführt werden müsse und der Organisation bedürfe. Mein Mann hatte alles andere vorbildlich organisiert. Als wir heirateten, fand ich bei ihm ein »Wirtschaftsbuch für deutsche Beamte« vor, und er hielt mich dazu an, das »Wirtschaftsbuch für deutsche Beamtenfrauen« zu führen; er hatte eine Kartothek für seine Bibliothek, die ich weiterführte, und bei der man mit einem Blick und Griff jedes Buch finden konnte, wir führten auch Buch über unsere Einladungen und Gegeneinladungen, etc. Nun begann ich – im Schuhkarton – eine Kartothek für den Gesamthaushalt anzulegen, die ich später zu einer wirksamen technischen Hilfe der Haushaltsführung ausbaute. Ich begann auch regelmäßig Aufsätze in der Zeitschrift des Frankfurter Hausfrauenvereins zu schreiben.

Zu den bedeutenden Persönlichkeiten, die meinem Mann viele Jahre persönlich und wissenschaftlich nahestanden, gehörte der Leipziger Oberreichsanwalt Dr. Ebermayer. Wir trafen das Ehepaar Ebermayer auf allen Tagungen, die wir besuchten, und die Freundschaft dehnte sich auch auf den jungen Sohn, Erich Ebermayer, aus, der damals seine Schriftsteller-Karriere begann und manche Anregung und Förderung von meinem Mann erhielt.

Trotz dauernder Anfragen und Propaganda war mein Mann nicht Mitglied des »Zentralvereins deutscher Staatsbürger jüdischen Glaubens« und auch nicht des »Vereins zur Abwehr des Antisemitismus«. Es lag ihm daran, nicht hervorzutreten. Aus dem gleichen Grunde hatte er in der Synagoge darum gebeten, nicht zur Thora aufgerufen zu werden, und der Synagogenvorstand hielt sich daran. Aber der Kampf gegen den Antisemitismus lag ihm sehr am Herzen, und unorganisiert tat er eine Menge in dieser Hinsicht. Ich fand ein ganzes Aktenstück mit Bemerkungen, Zeitungsausschnitten, Korrespondenzen, die er über dieses Thema geschrieben und gesammelt hatte.

Zum Thema Antisemitismus gehört folgendes kleine Vorkommnis: Während ich Lotte, die im Rheinland lebte, nur gelegentlich sah, wenn sie ihre Eltern in Frankfurt besuchte (sie war nett und normal mit einem Frankfurter Jugendfreund verheiratet, der nach dem Krieg die Regierungsbeamtenlaufbahn ergriff, und hatte drei Kinder), kam unsere Klassenkameradin Friedel, Lehrerin an der Schiller-Schule, oft zu uns. Eines Tages berichtete sie: Um mehr Geld zu verdienen (sie hatte ihre Eltern mit zu ernähren), unterrichtete sie nebenamtlich an einer Schule im Frankfurter Ostend, in einer Gegend, in der viele Juden wohnten. In ihrer Klasse waren jüdische und christliche Schülerinnen gemischt. Als sie eines Morgens den Schulraum betrat, führte man sich dort sehr laut und undiszipliniert auf. Sie sagte spontan: »Hier geht es ja zu wie in einer Judenschule.« Es fuhr ihr einfach so heraus. Eine jüdische Schülerin erzählte es ihrem Vater, und er zeigte sie bei der Schulbehörde an. Es schwebte ein Verfahren gegen sie, und es konnte sie ihre Karriere kosten. Wir lebten ja damals in einer sozialistischen Republik. Friedel hatte sich gar nichts dabei gedacht, sie war weit vom Antisemitismus entfernt, sie hatte gerade sehr gute Freunde unter den jüdischen Schülerinnen und deren Eltern. Sie dachte auch gar nicht daran, etwas Geringschätziges zu sagen. »Judenschule« schwebte ihr als ein Begriff von Unordentlichkeit vor. Weder sie noch ich waren uns damals darüber klar, woher dies kam und welche historischen Gründe dazu geführt hatten. Eine Synagoge war nicht nur ein Bet-, sondern ein Volksversammlungs- und Lernhaus. Es war einer der vielen Fälle, wo Jahrhunderte lang etwas ohne zu denken nachgesprochen wurde, was gefährliche Konsequenzen hatte. Mein Mann setzte sich bei der Schulbehörde für Friedel ein, auch ein bekannter jüdischer Anwalt tat dies, und es kam zu keiner Verhandlung.

Noch etwas anderes Seltsames trat an meinen Mann – es muß ungefähr 1928 gewesen sein – heran. Einer der Rathenau-Mörder, Tillessen, schrieb meinem Mann aus einem schlesischen Gefängnis, daß er bald entlassen würde. Er habe gehört, daß sich Professor Freudenthal mit der Fürsorge für entlassene Gefangene befasse, damit sie wieder den Weg ins Leben zurückfänden. Ob er ihm dabei behilflich sein wolle. Mein Mann schrieb zurück, ob er wisse, daß er Jude sei, der Rasse und Religionsgemeinschaft des Ermordeten angehöre. Tillessen antwortete, dies sei ihm bekannt, und er habe nicht aus Antisemitismus gehandelt, sondern sei unglücklicherweise von anderen politischen Fanatikern verleitet worden. Mein Mann dachte an die bekannten Worte der Verzeihung von Rathenaus Mutter beim Prozeß und leitete das Nötige zur Rehabilitierung in die Wege.

Von Zeit zu Zeit gingen wir zu Pfarrer Foerster (den ich in einem früheren Abschnitt in meinem Gespräch mit Lotte schon erwähnt habe) in die reformierte Kirche, meist an Feiertagen, wenn wir wußten, daß er etwas Besonderes zu sagen hatte. Pfarrer Foerster war auch ein Kollege meines Mannes an der Universität. Wir gingen nicht wegen der christlichen Feste, sondern wegen seiner Predigten. Es war auch bei uns, wie bei vielen anderen Frankfurtern aller Bekenntnisse, eine Tradition, am 24. Dezember zum sogenannten »Einläuten« auf den Römerberg zu gehen, wo von der Galerie der Nikolaikirche herunter ein Chor alte Weihnachtslieder sang, und dann unter den Klängen der schweren Domglocke im Dom an der hell erleuchteten Krippe vorbeizudefilieren.

Man hätte denken sollen, daß ein solch reiches und erfolgreiches Leben, wie es meinem Mann beschieden war, auch ein glückliches Leben gewesen sei. Dem war nicht so. »Wo viel Licht ist, ist auch viel Schatten.« Und es scheint, als ob die Menschen sich ihre Schatten selber schaffen müssen, wenn keine vorhanden sind. Die Ursachen für die Krisen, die sein Leben durchzogen, gehen weit zurück in die Zeit vor dem ersten Weltkrieg und während der ersten Jahre des Weltkrieges, als ich ihn noch nicht kannte. Es hatte damals noch einen zweiten hauptamtlichen älteren Juristen (für Bürgerliches Recht) in der noch unvollständigen Fakultät der Akademie für Handels- und Sozialwissenschaften gegeben, der sich durch Erfolge seines jüngeren, zudem jüdischen Kollegen, zurückgesetzt fühlte. Als Freudenthal und nicht er nach der Universitätsgründung Dekan wurde, fand er endlich die Möglichkeit, in einem größeren Gremium Bundesgenossen für seinen lang zurückgehaltenen Unmut zu finden. Die Gelegenheit kam sehr rasch, da es in die Hände des neu ernannten Dekans gelegt war, dem Ministerium Vorschläge zur Reklamierung der Unabkömmlichkeit der Kollegen zu unterbreiten. Alle wollten natürlich reklamiert werden, und der betreffende Kollege schürte das Feuer. Freudenthal, der selbst wegen einer Hernia und einer Beinschwäche als Folge früher Kinderlähmung nicht felddienstfähig war, und für den als Juden diese Angelegenheit denkbar unangenehm war, meldete sich schließlich zur juristischen Abteilung des Stabes und überließ die Fakultät ihrem Schicksal. Die Sache wurde später einigermaßen geflickt. Da es Personalakten gab, blieb sie aber für alle Beteiligten peinlich und flackerte immer wieder bei verschiedenen Gelegenheiten auf. Daß Berthold Jude war, spielte selbstverständlich eine Rolle, ohne daß jemand es laut werden ließ. Mindestens so sehr fiel ins Gewicht, daß er außerordentlich feinfühlig und empfindlich war und seine Verdächtigungen und sein Mißtrauen vermutlich oft unbegründet oder zumindest übertrieben waren. Anfang der zwanziger Jahre wurde erwartungsgemäß ein zweiter Strafrechtler ernannt. Es war Max Ernst Mayer, ein jüngerer, erfolgreicher Gelehrter, dessen Bedeutung mein Mann voll anerkannte; da er mehr Rechtsphilosoph als Kriminalist war, kollidierten sein Wissensgebiet und seine Vorlesungen in keiner Weise mit denen meines Mannes. Den geistreichen Gesellschafter hatten wir alle gern, ich besonders, denn er war ein charmanter Junggeselle von dem Typ, der mich immer anzog. Er war reich, führte ein großes Haus mit Diener und Auto und war jüdischer oder halbjüdischer Herkunft, das wußte man nicht genau. Es ging alles gut, und niemand hätte sagen können, daß Freudenthal mit seinem Fachkollegen nicht gut auskäme; auch als Mayer zum Dekan gewählt wurde, gab es keinen Widerspruch. Aber dann gingen Gerüchte herum, daß er zum Rektor ausersehen sei. Dies war ein Schock. Nicht Professor Freudenthal, der ältere der beiden Strafrechtler, der zu den Gründern der Universität gehörte, sondern der jüngere, der erst kurze Zeit im Lehrkörper war. Jemand aus der Clique, die meinem Mann nicht wohlgesint war, stand dahinter.

Mayer wurde nicht Rektor. Ungefähr zwei Jahre später starb er an einem schweren inneren Leiden innerhalb weniger Wochen. Das Verhältnis zu ihm selbst hatte nicht gelitten. Mein Mann gab nach seinem Tod eine kleine nachgelassene Schrift von ihm heraus. Aber das Verhältnis und das gegenseitige Mißtrauen zwischen den Kollegen wurden durch diese Dinge nicht besser. Jemand prägte das Wort: »Was ist eine Fakultät? Eine Gesellschaft von Leuten, die sich nicht leiden können.«

Es war auch aussichtslos, sich um einen Ruf an eine andere Universität zu bemühen, denn erstens war kaum eine andere Professur so gut wie die Frankfurter, und zweitens hatte mein Mann nun den Ruf, schwierig zu sein. Wie viele schlaflose Nächte diese Dinge uns kosteten, wieviel Nervenkraft und Zeit, die produktiven

Zwecken hätte dienen sollen! Manchmal stand mein Mann um sechs Uhr morgens bei der Leerung des Briefkastens, um vom Briefträger einen Brief zu erbitten, den er in der Nacht vorher geschrieben und eingeworfen und dessen Inhalt er sich inzwischen anders überlegt hatte. Daß ich nicht nur helfend und mildernd, sondern im Innersten beteiligt diesem Intrigennetz gegenüberstand, war für mich selbst überraschend und ging auf eine vollkommene Änderung in meinem Charakter und in meiner Haltung zu den Menschen zurück. Ich war ehrgeizig für ihn, ehrgeizig für mich. Es war mir nicht mehr gleichgültig, welcher Tischherr mir bei offiziellen und nichtoffiziellen Essen zugedacht war, mit einem einfachen Privatdozenten, Amtsrichter oder Regierungsrat wäre ich nicht zufrieden gewesen, es mußte mindestens ein »Ober-« oder ein Ordinarius sein. Es war nicht nur, weil ich wußte, daß die Dinge Gradmesser waren, sondern weil mir das gesellschaftliche Leben, ganz im Gegensatz zu früher, Freude machte. Ich war selbstbewußt und eitel geworden. Mein altes Talent, gut zuhören zu können, kam mir dabei sehr zustatten, meine frühere Schüchternheit war verschwunden.

Da schon wieder über zwei Jahre seit der Geburt unseres ersten Kindes vergangen waren, beschloß ich im Herbst 1925 zu einer Kur und Behandlung nach Franzensbad zu gehen. Kein Arzt hatte mir dies von sich aus geraten (obgleich natürlich keiner dagegen war), aber ich hatte gehört, daß die preußischen Prinzessinnen in den guten alten Zeiten, wenn sie auf diesem Gebiete Schwierigkeiten hatten, mit Erfolg eine Franzensbader Kur gebrauchten. Ich reiste mit meinen Eltern, da Franzensbad auch ein Herzbad ist, was meinem Vater guttun würde. Wir genossen die Herbstwochen in dem lieblichen Ort mit seinen schönen Waldspaziergängen unter golden fallendem Laub.

Während der Weihnachtsferien desselben Jahres war ich mit meinem Mann in Pontresina. In der kleinen Pension, in der wir wohnten, waren zwei interessante Persönlichkeiten. Der eine war Professor Franz Oppenheimer, der bekannte Soziologe und Nationalökonom, damals ein Kollege meines Mannes an der Frankfurter Universität. Trotz schwerer Schicksalsschläge hatte er sich seinen Humor spezifisch Berliner Prägung bewahrt. Wenn er in Laune war, dann sprühte es aus ihm, manchmal sprühte es recht zweideutig, und mein Mann bemühte sich, das Sujet zu ändern. Franz Oppenheimer war Sozialist und Zionist. Er hatte einer schlagenden jüdischen Studentenverbindung angehört, davon zeugte sein von Säbelhieben zerschnittener – sonst sehr schöner – Kopf. Oppenheimer war bewußter Jude. Über seinen Zionismus erzählte mir mein Mann, daß er eines Morgens in das gemeinsame Dozentenzimmer gestürmt sei und ausgerufen habe »Meine Herren, wir sind pleite«. Dies bezog sich auf eine Siedlung im damaligen Palästina (Merchawia), in der er, sozusagen als Beispiel, seine sozialistische Gesinnung in einer kooperativen Wirtschaftsform zu verwirklichen hoffte. Diese Weltanschauungen hemmten natürlich seine Karriere. Als ich ihn in unserer vorrepublikanischen Zeit in Berlin die Abschiedsrede auf Adolf Wagner halten hörte, war er noch Privatdozent. Die Animosität gegen ihn ging damals so weit, daß wir Studenten am Besuch des Sering-Schmollerschen Seminars gehindert wurden, wenn gleichzeitig aus dem Testierbuch hervorging, daß wir bei Oppenheimer hörten. Aber wir taten dies ohne zu belegen, denn er war ein brillanter Lehrer und Redner. Über Zionismus unterhielten wir uns in Pontresina nicht – offenbar waren weder Berthold noch ich daran interessiert.

Der andere war Dr. Max Pulver, der berühmte Züricher Graphologe und Schriftsteller. Mein Mann lehnte ihn instinktiv ab. Eine so ungenaue Wissenschaft wie die Graphologie grenzte für ihn an Scharlatanerie. Mich interessierte das besonders, da der Herr Doktor auch sonst von mystischen Kräften umwittert schien oder wenigstens so tat, als besäße er sie. Er hatte es darauf abgesehen (was er vermutlich bei allen halbwegs hübschen weiblichen Wesen tat), mit mir in mehr als oberflächliche Gespräche zu kommen. Eines Abends tanzten wir zusammen, mittendrinnen hörte er auf und sagte: »Jetzt kann ich verstehen, warum Sie kein Kind bekommen. Bei Ihnen liegt es nicht hier«, und er wies auf die untere Hälfte des Körpers, »sondern hier«, und er zeigte auf den Kopf. »Schalten Sie sich selbst und einige Komplexe, die man Ihnen in Ihrer Erziehung beigebracht hat, aus – dann wird die Sache gehen.« Ich mußte an den Tanz mit Kurt denken, damals auf dem Römerball.

Auf dem Heimweg holte mich Elisabeth, meine Schweizer Freundin, in Zürich ab, mein Mann fuhr weiter, und ich war einige Tage bei ihr und ihrer Familie in Winterthur. Dort und auf der Rückfahrt im Zug war mir sehr elend zumute – Franzensbad hatte offenbar gewirkt – oder war es der Rat des Herrn Graphologen? Wie beim ersten Kind mußte ich wieder liegen, fest liegen, viereinhalb Monate lang, denn alle hatten Angst, die Ärzte, mein Mann, meine Mutter, und ich natürlich am allermeisten. Wir mieteten ein besonderes Gestell, damit ich im Bett sitzen konnte; und das Radio mit seinen Kopfhörern, das damals gerade aufkam, versüßte mir die Zeit. Meine Mutter, die bei uns wohnte, kam aus dem Ausland zurück mit kniefreien Röcken (sie hatte sehr schöne Beine) und kurzgeschnittenen Haaren – welch eine Kühnheit in unserer Welt der spießigen Beamten. Meine Eltern hatten »Gottseidank – leider«, wie man in Frankfurt sagte, durch den Verkauf ihres Hauses nach der Inflation ihr Wohnrecht in Frankfurt verloren und lebten an schönen billigen Plätzen in Südfrankreich und Italien; es dauerte sehr lange und kostete eine Menge Protektion und eine Unmasse Aktenkram sowie bürokratischer Genehmigungen, bis sie schließlich in Frankfurt eine Neubauwohnung bekommen konnten.

Es war wieder ein Herbstkind und diesmal ein kräftiger Junge, der auch kräftig schrie, mit blauen Augen, die so blieben, und blonden Locken, die noch nicht da waren. Wieder fand ich den Akt der Geburt etwas Wunderbares, und wieder hatte ich, wie das erstemal, mit der Hebammenschwester, wenn sie das Baby zum Trinken brachte, die schönsten Gespräche. Es war ein allgemeines »Bürger-Hospital« mit evangelischen Schwestern, in dem ein jüdischer Arzt die gynäkologische Abteilung leitete. Diesmal war keine Inflation, und alles war aufs beste vorbereitet. Unser Breslauer Freund hatte uns eine seiner besten Säuglingsschwestern, die in seiner Klinik ausgebildet war, geschickt. Sie war eine reizende junge Person, tüchtig und geduldig, genau richtig für eine nervöse Mutter, wie ich es war. Ich hatte den Schock von damals noch nicht überwunden. Ich konnte das Kind nicht anfassen, ich konnte es nicht weinen hören. Immer glaubte ich das Ziehen und den hohen Ton zu hören, wenn das Weinen einmal aussetzte. Die arme Schwester Annemarie hatte für genau ein Vierteljahr keine Minute Urlaub, und als sie schließlich den ersten Weihnachtsnachmittag bei ihren Freunden verbrachte, rief ich in Verzweiflung dort zweimal an. Diesmal stillte ich ein ganzes halbes Jahr – mit ihrer Hilfe, denn da der kleine Klaus guten Appetit hatte und kräftig zubiß, bis Blut kam, mußte meine Milch abgedrückt und ihm im Fläschchen gegeben werden. Da hatte auch die monatelange Vorbereitung und Stärkung meiner Brust nicht geholfen.

Schwester Annemarie blieb eineinhalb Jahre bei uns. Wir hatten sie alle gern, und die Gespräche mit ihr während der täglichen Still-Stündchen, wenn sie mit ihren geschickten sanften Händen meine Milch abpumpte, sind beiden Teilen unvergeßlich. In den Tagen und Wochen nach einer Geburt sind Frauen aufgelokkert und dankbar für das Verständnis von Hebammen und Säuglingsschwestern. Es sind »Sternstunden der Menschheit« in ihrem kleinen Leben, in denen sie glauben, die Flügelschläge des Schicksals rauschen zu hören.

Nun war es ein Sohn, und das Problem der Religion wurde aktuell. Nach dem Tode unserer Ursula hatten wir darunter gelitten, daß wir damals die Taufe erwogen hatten. Wir fühlten uns, jeder in seiner Weise, schuldig. Die Frage der Taufe wurde daher nicht mehr diskutiert. Wir beschlossen keine Beschneidung vorzunehmen, die mir barbarisch und mittelalterlich vorkam. Um unsere Zugehörigkeit zu zeigen, zeichnete mein Mann einen größeren Geldbetrag für die Gemeinde der Westend-Synagoge. Unter dem 2. Februar 1928 fand ich in Bertholds Tagebuch die folgende Eintragung:

»Mit der israelitischen Gemeinde habe ich vereinbart, daß ich für Gred, die nicht zur Gemeinde gehört, freiwillig 20% meiner Kultussteuer zahle, immer im Januar, für das beginnende Jahr, berechnet nach meiner letzten Kultussteuer. Zweck: zwischen Gred und der Gemeinde Fühlung zu halten, der ihr Mann und ihr Sohn angehört. Jederzeitiger Widerruf der Zahlungspflicht und absolute Freiheit der Entschließungen sind von mir, der Gemeinde gegenüber, ausdrücklich schriftlich vorbehalten worden.«

Im darauffolgenden Sommer und Herbst, als Klaus knapp ein Jahr alt war, machte mein Mann seine lange geplante dreimonatige zweite amerikanische Studienreise, diesmal von einem Sonderfonds der Regierung und von privaten Stiftungen finanziert. Trotz Schwester Annemaries und meiner Mutter Betreuung wagte ich mich nicht von Klaus zu trennen. Damals fuhr man ja noch mit einem Schiff, was mindestens eine Woche dauerte, ohne die weiten Reisen innerhalb des Kontinents bis in den äußersten Westen hinein. In meinem Falle hätte ich auch niemandem die Verantwortung für ein einjähriges Kind zumuten wollen. Aber ich reiste mit einer Freundin und Nachbarin, deren Mann auf dem gleichen Dampfer fuhr, nach Hamburg mit und sah das wunderbare Schiff der Hapag in Cuxhaven kleiner und kleiner werden. Im Bähnchen von Cuxhaven zurück waren wir beide in Tränen aufgelöst – *so* weit war damals noch Amerika. Im November holte ich meinen Mann in England ab, wo er noch einen Blick in die englischen, sehr veralteten Strafrechts- und Strafvollzugsmethoden warf.

Ich besuchte das Good Housekeeping-Institute, das neben Test-Laboratorien und Zeitschriften einen Tearoom und Kuchenversand unterhielt. Und dann sah ich eine Hochschule für Hauswirtschaftslehre, die dem »Queen's College for Women« angeschlossen war. Haushaltskunde auf wissenschaftlicher Grundlage –

das war etwas Neues und Gutes, daraus konnte eher eine Erneuerung kommen als von den verknöcherten Hausfrauen.

Einmal gingen wir in einen Trainingsabend der Heilsarmee. Mein Mann hielt sehr viel von ihrer Arbeit für jugendliche Verbrecher und gefährdete Mädchen, und er kannte einige Führer. Dies war eine Zusammenkunft ihres Stabes mit dem Ziel, für seine schwere Aufgabe in der Großstadt zu schulen und Glauben und Hingebung zu stärken. Es wurden weder Moralpredigten noch Vorträge gehalten, höchstens ein paar kleine Anekdoten und Episoden erzählt. Im wesentlichen wurden Hymnen und Lieder mit der bekannten Heilsarmee-Orchesterbegleitung gesungen. Je mehr der Abend fortschritt, desto inbrünstiger wurde das Singen und desto begeisterter die Stimmung, so daß einzelne, hingerissen, spontan aufstanden und von ihren Erlebnissen berichteten. Schließlich war alles in einem solchen Trance-Zustand, daß wir beide fürchteten, mit hineingerissen zu werden und – weit nach Mitternacht – aus dem Saale flüchteten. Es war das erstemal, daß ich eine solche Massensuggestion großen Ausmaßes erlebte, und zwar eine Massenbeeinflussung durch eigenes Singen.

An einem dieser Tage sah mein Mann sehr schlecht und blaß aus, als ich ihn durch die Halle des Great Russell-Hotels, wo wir uns trafen, auf mich zukommen sah. Ich erschrak und sorgte dafür, daß er sich noch in Ventner auf der Isle of Wight ein paar Tage erholte.

Denn er mußte in den Hörsaal zurück, wo das Semester schon begonnen hatte.

Noch vor der Amerikareise war Berthold mit einer Arbeit befaßt, die gar keine juristische war und gerade deswegen ziemlich viel Überlegung erforderte. Zum 250. Todestag von Spinoza sollte meines Schwiegervaters Buch »Das Leben Spinozas« in zweiter Auflage zusammen mit dem 2. Band »Das Werk Spinozas« nach dem vorliegenden Manuskript Jakob Freudenthals herauskommen. Das Material war zum größten Teil in einer veralteten Stenographie geschrieben, die der bearbeitende Philosoph nicht beherrschte, aber glücklicherweise mein Mann. Durch die gute Zusammenarbeit beider kam das Werk rechtzeitig heraus, und beide fuhren im Februar 1927 nach Holland zur Feier.

Zum Winter arbeitete mein Mann an einem Referat für den deutschen Juristentag, der im September 1928 in Salzburg stattfinden sollte, sowie an einer Neuherausgabe seines 1914 erschienenen »Gefängnisrechts« und der Auswertung seiner amerikanischen Studienreise. Vorerst erschienen drei Aufsätze in der Vossischen Zeitung unter dem Titel »Streiflichter aus dem amerikanischen Straf- und Erziehungswesen«, und Berthold hielt mehrere Vorträge.

Auf dem Rückweg vom Salzburger Juristentag machten wir in Alt-Aussee bei Jakob Wassermann Halt. Hier war alles wie in der Illustrierten: die schöne Villa in der herrlichen Berglandschaft, das dichtende Ehepaar, das Auto, mit dem man um den See herum-

fuhr, und das Abendessen auf der Seeterrasse. Wassermanns lebten wie die Landedelleute auf ihren Gütern rings herum und kamen sich auch so vor. Mein Mann verdarb sich den hübschen Aufenthalt durch einen plötzlich auftretenden schweren Hexenschuß in der rechten Hüfte. Das Einreibemittel von Frau Wassermann half langsam, so daß er mit Schmerzen den beabsichtigten Umweg über Linz und von da aus mit dem Schiff ein Stück Donau hinunter bis Wien unternehmen konnte. Einen Tag lang schwärmten wir für Bruckner im bezaubernden St. Florian.

Während des Winters schmerzte die rechte Hüfte von Zeit zu Zeit, so daß er es im Frühjahr mit Massage versuchte. Am 2. Juli 1929 mußte ich morgens die Vorlesungen und alle Verabredungen absagen, da mein Mann Fieber hatte. Natürlich dachten wir nur an eine Erkältungskrankheit, auch der Hausarzt, der am zweiten Tag kam und die üblichen Fiebermittel gab. Aber das Fieber stieg. Und am dritten Tag, als mein Mann auf die Toilette gehen wollte, hatte er einen Ohnmachtsanfall. Jetzt wurde der Arzt mißtrauisch über den Charakter der Krankheit und verbot jegliches Aufstehen. Am vierten Tag wurde mein Mann auf einer Bahre ins Krankenhaus gebracht. Das Fieber stieg, die Schmerzen in der Hüfte wurden unerträglich. Zwei bedeutende Internisten wurden zugezogen, es war offenbar, daß es sich um eine schwere Infektionskrankheit mit einem sekundären Eiterherd an der rechten Hüfte handelte. Man beschloß zu operieren, und in der Tat trat nach der Operation eine merkliche Erleichterung ein, das Fieber ging herunter, das Bewußtsein wurde wieder klarer.

Ich schöpfte Hoffnung, aber ich wußte nicht, was andere wußten: man hatte eine Kultur der gefundenen Bakterien angelegt, um zu wissen, welcher Art sie seien, und das sah nicht gut aus, obgleich man bis zum endgültigen Resultat noch ein paar Tage warten mußte. Das Fieber stieg wieder, das Herz wurde schlechter, das Bewußtsein versank im Delirium. Ich betete, ich versuchte ihn mit meinen Gedanken zu erreichen, ihn zu halten – vielleicht gab es solche geheimnisvollen Ströme? Einmal spielten Kinder im Hof unter dem Fenster, er erwachte halb aus seinen Träumen und sagte »Ihr habt mir doch nicht den Klaus hierhergebracht?« Mutter und ich beruhigten ihn.

Mutter war immer bei mir, Tag und Nacht. Es waren inzwischen sieben bedeutende Ärzte und Bakteriologen bemüht, das fliehende Leben aufzuhalten. Unser Freund, der Direktor des Paul-Ehrlich-Instituts, hatte von einem neuen Serum gehört, das in den Behring-Werken in Bearbeitung war. Er schickte einen Boten per Auto dorthin, um es bringen zu lassen, erfuhr aber, daß das Serum noch nicht verwendungsreif sei. Ein anderes neues Mittel von Bayer, das noch nicht im Handel war, wurde ausprobiert, ohne Erfolg. Das Merkwürdige war, ich glaubte fast bis zuletzt nicht an das Ende, nicht bis die Schwester sagte »Der Puls ist sehr schwach«. Ich fühlte selbst, er setzte aus, er kam wieder, er setzte wieder aus, man konnte ihn zählen, eins, zwei – – eins – – eins und dann kam die Stille, das große Nichts.

Und hierhin führen alle Wege. Man rast durchs Leben, mit fliegenden Pulsen, mit heißem Herzen, und dann – eins, zwei – eins – eins, und es ist aus! Der physische Vorgang mit seiner unerbittlichen Konsequenz, der Flügel des Todes, der die Schönheit der marmornen Blässe schuf, hatte etwas Majestätisches, etwas unsagbar Ruhevolles.

Es war der 13. Juli 1929, die Krankheit hatte ihn in elf Tagen hinweggerafft mit nicht ganz siebenundfünfzig Jahren. Die bakteriologische Untersuchung zeigte Staphylokokken, einen der schwersten Erreger. Auf welche Weise er in den Körper meines Mannes gekommen war, konnte niemand sagen. Auch unsere heutigen Antibiotika, selbst Penicillin und Streptomycin, bieten noch keine wirksame Abhilfe.

Es gelang mir, sein Leben als ein Ganzes zu sehen, als eine kurze, stürmische Aufwärtsbewegung mit der Krönung eines raschen Todes ohne Abstieg und ohne Siechtum. Die äußere Demonstration dieser Krönung war die Feier in der Halle des Frankfurter Krematoriums, als die Kollegen, die Vertreter der Behörden und Organisationen, die Freunde und Studenten von ihm Abschied nahmen. Diese Reden, zusammen mit den Worten des Rabbiners, wurden ein Jahr später in einem Gedächtnisheft für Freunde veröffentlicht. Als der blumenüberschüttete Sarg unter den Klängen des Allegretto aus Beethovens 7. Symphonie, seines Lieblingsthemas, in die Tiefe sank und die Fahnen der Studentenverbindungen sich neigten, fiel mein Blick auf den Spruch im Mosaik der Halle:

»Du ziehst hinein, du ziehst hinaus
Ein flüchtger Gast im Erdenhaus.
Drum wirb dir Liebe zum Geleit,
Sie flicht das Band zur Ewigkeit.«

EIN NEUES STUDIUM
Frankfurt am Main 1929–1934

»Du darfst nicht Teich werden, du mußt immer fließendes Wasser bleiben.« Dieser Satz kam von meinem Schwager Martin, dem Bruder meines Mannes, der mir in jenen ersten Tagen und Wochen behilflich war. Und noch ein anderer, ähnlicher, den ich mir später zur Richtschnur machte: »Du mußt versuchen, aus deinem eigenen Zentrum heraus zu leben.« Vorerst war das Zentrum noch mein Mann. Er war plötzlich aus dem tätigsten Leben herausgerissen worden, daß ich mich in einem unerhörten Wirbel von Arbeit fand, um alles zu entwirren, zu lösen, zu erledigen. Und bei alldem mußte ich mich fürs erste dauernd fragen: was oder wie hätte er nun gehandelt, geschrieben, reagiert? Da waren zu allererst die unendlich vielen schönen Briefe und Nachrufe, für die ich alle einzeln dankte. In den meisten Briefen stand, »welcher Trost für Sie, daß Sie ein Kind haben«.

Es waren ein Trost und eine Verantwortung, die in die Zukunft wiesen. Aber es war auch wiederum kein Trost in dem Sinne, wie die Briefe es meinten. Als unser kleines Töchterchen starb, war mein Mann ein ungeheurer Trost. Aber jetzt war das Kind kein Trost. Jemand hat einmal gesagt, »ein Kind wird einem von

Herzen gerissen, ein Mann von der Seite«. Wie fehlte mir diese Seite, gerade bei der Erziehung des Kindes.

Klaus war von Anfang an ein schwieriges Kind. Schon in den ersten Tagen, als er meine Brust wund biß, so daß ich Angst vor ihm hatte, mit einem Jahr, als er uns mit einer gefährlichen und rätselhaften Blinddarmerkrankung in Todesangst versetzte, mit zwei Jahren, als er keine Anstalten machte zu laufen, mit fast drei Jahren, als er noch nicht zusammenhängend sprechen konnte. Er verstand alles und machte auch energisch in einer eigenen, seltsamen Sprache seine Wünsche geltend, aber meinem Mann war es nicht mehr vergönnt, ihn richtig sprechen zu hören. Dann aber, in den Wochen nach meines Mannes Tod, als niemand für ihn Zeit hatte und sich niemand nachhaltig mit ihm beschäftigte, war die Sprache auf einmal fix und fertig da. An seinem dritten Geburtstag im September konnte er fließend sprechen. Er lutschte sehr lange, namentlich beim Einschlafen, am Däumchen, ich glaube bis zum vierten oder fünften Jahr. Er hatte große Einschlafens- und Einsamkeitsängste und konnte abends im Bett stundenlang weinen. Meistens verschwanden alle Schwierigkeiten, wenn man sich genügend und über Gebühr darüber aufgeregt hatte. Es war wohl eine doppelte Reaktion: er hatte diese Erscheinungen, weil ich ihn mit meiner übertriebenen Ängstlichkeit nervös machte, und er beharrte in ihnen mit einer gewissen Hartnäckigkeit, um mich noch mehr nervös zu machen und Vorteile alle Art für sich herauszuschlagen.

Das Jahr 1929/30, im nationalen wie internationalen Leben ebenso verhängnisvoll wie in meinem eigenen, verging für mich mit dem Ordnen des Nachlasses meines Mannes, der Herausgabe und späteren Versendung der »Amerikanischen Studienreise« und des Gedächtnisbuches zum einjährigen Todestag, sowie der Neuherausgabe des »Gefängnisrechts«. Für das erstere und das letztere fand ich wieder denselben Studenten, der schon für die Herausgabe des Spinoza-Buches die Stenographie meines Mannes übertragen hatte. Für das Gedächtnisbuch schrieb ich einen kurzen Lebensabriß als Schlußwort.

Den Sommer 1930 verbrachte ich mit meinen Eltern und Klaus in einem pommerschen Ostseebad. Da wir ein Häuschen für den Sommer im voraus gemietet hatten, konnten wir den Aufenthalt nicht abbrechen, als wir entdeckten, daß uns überall Hakenkreuze und Hitlerfahnen begrüßten. Es zeigte sich, daß nicht nur diese ganze Ostseegegend nationalistisch gesinnt war, sondern auch fast alle Sommergäste, die diese Bäder besuchten. Man konnte genau an den Fahnen oder Fähnchen, die die Sandfestungen schmückten, erkennen, wes Geistes Kind die Erbauer dieser deutschen »Burgen« waren. Instinktiv taten sich die paar »Schwarz-Rot-Goldenen« zusammen (Juden waren kaum vorhanden), und es begann ein Kampf der Fahnen. Während der Nacht stahlen die Hakenkreuzler alle republikanischen Fahnen, und in der Frühe steckten wir alle unsere schwarz-rot-goldenen Fähnchen wieder auf. Das ging so mehrere Wochen lang. Wesentlich ernster war, daß die Kurkapelle, die der Kurverwaltung unterstand, regelmäßig das Horst-Wessel-Lied spielte. Ich machte in einem Brief den Landrat darauf aufmerksam und fragte, ob er dies untersagen könne. Der Landrat, Träger eines alten aristokratischen und liberalen Namens, schrieb sehr nett zurück, daß ich vollkommen recht habe, daß aber sein Einschreiten gar nichts nütze, denn seine übergeordnete Behörde sei nationalsozialistisch eingestellt. Bei der Wahl im Herbst 1930 gab es dann den ersten großen parlamentarischen Sieg der Nazis.

Von den Veranstaltungen in jenem Kurort ist mir ein Abend mit Erik Hanussen in Erinnerung, der mir weissagte, daß ich sehr bald eine weite Reise über See antreten und mein Leben sich von Grund auf ändern würde. Obgleich ich damals der Meinung war, daß es noch Recht und Ordnung gab und daß ich als Frau Geheimrat Freudenthal Recht verlangen dürfte, setzten sich diese Erlebnisse in dem Ostseebadeort in meinem Unterbewußtsein fest und taten vermutlich dort ihr Werk.

Es gab noch andere, deren Unterbewußtsein ihnen den Weg wies: Stadtbaurat May akzeptierte 1930 einen großen Bauauftrag der Sowjetunion und nahm eine ganze Anzahl tüchtiger moderner Architekten mit, Juden sowohl wie Christen. Ein Jahr später war der Arzt meines Vaters plötzlich verschwunden – nach Palästina. Wieder ein Jahr später war unsere Kinderärztin nicht mehr da – ihr Bruder hatte sie nach England mitgenommen. Man rief an, und es hieß ganz einfach, Herr oder Frau Doktor ist auf Reisen, Rückkehr unbestimmt. Und das war noch die Zeit, wo sie wirklich auf Reisen waren, später hatte es eine andere Bedeutung.

Vorerst aber war ich noch da und begann im Ernst »aus meinem eigenen Zentrum heraus zu leben« – es waren die fruchtbarsten Jahre meines Lebens. Eine Beamtenwitwe ist natürlich vor anderen durch den Schutz ihrer Pension bevorzugt. Dafür kann sie gar nicht dankbar genug sein. Zu allererst gelang es mir, mein Haus zu verkaufen und für meine Eltern und uns ein Häuschen zu bauen. Auf diese Weise wurde unser Leben billiger. Das Haus Fuchshohl 71 lag an demselben Hang über den Nidda-Wiesen wie das alte, war aber ein Reihenhaus, schmal und hoch. Wo die Nachbarhäuser eine Garage hatten, bauten wir eine Zweizimmerwohnung für meine Eltern mit einem Balkon ins Gärtchen. Wieder hatte ich mich in einen Blick verliebt. Das kombinierte Wohn-, Eß- und Studierzimmer mit Speiseaufzug im ersten Stock hatte eine große Glaswand und wirkte wie ein Schiff. Vor fünfundvierzig Jahren war es kühn, so zu bauen, denn man lebte immer noch mit der Vorstellung von Türen und Abschachtelungen. Heute ist diese Idee schon ganz alltäglich.

Vor unserem Umzug verkaufte ich meines Mannes Bibliothek an ein Leipziger juristisches Antiquariat. Es erwies sich als gut, daß alles fachmännisch katalogisiert war. Auch meine Haushaltskartothek bewährte sich.

Sie lag längst nicht mehr im Schuhkarton, sondern wurde unter meinem Namen von der Organisationsfirma Stolzenberg A.G. vertrieben. Zur Erleichterung hatten einige Karten Taschen bekommen, damit lose Zettel, ärztliche Rezepte, Adressen und Winke aufgehoben werden konnten.

Im Herbst 1930 ließ ich mich wieder an der Universität Frankfurt immatrikulieren. Mein Sohn ging in den Kindergarten, und meiner Mutter, die damals erst sechzig Jahre alt war, machte es große Freude, ein so modernes und übersichtliches Haus zu führen. Sie war sowieso durch die Erkrankung meines Vaters an das Haus gebunden. Wir hatten ein sehr junges Mädchen zur Hilfe.

Durch einen Zufall geriet ich in die Vorlesung von Professor Karl Mannheim, dem neuen Soziologen an der Universität und Nachfolger von Franz Oppenheimer. Ich beschloß sofort, dieses Fach als Hauptfach zu wählen und als Nebenfächer Geschichte und Nationalökonomie. Das habe ich nie bereut, und ich würde Soziologie heute, nachdem diese Disziplin ein vielfach verändertes und sich veränderndes, aber wissenschaftlich fest gegründetes Ansehen hat, wieder wählen. Nur würde ich statt Nationalökonomie, die sich mir mehr und mehr von aller Wissenschaft und Wirklichkeit zu entfernen scheint, Psychologie als Nebenfach nehmen. Daß sich die Soziologie, wie sie Professor Mannheim vertrat, als Forschung vom Leben leiten ließ und nicht umgekehrt, machte sie mir so ungeheuer reizvoll. Diese

Gesellschaftswissenschaft bringt in mühseliger Klein- und Zusammenarbeit die konkreten Forschungsmethoden, Denkschritte, Kategorien und Schemata zusammen, um die gesellschaftlichen Phänomene zu beobachten, nicht nur der aktuellen Umwelt, sondern auch der Vergangenheit.

Der zweite Grundpfeiler dieser Soziologie war die Frage nach dem Standort; Mannheim nannte es die Aspekt-Struktur oder fragte ganz einfach »*Wer* spricht?« Er hatte seine bedeutendsten Arbeiten, »Ideologie und Utopie« und »Wissenssoziologie« über dieses Problem geschrieben. Im Grunde hing das zweite mit dem ersten eng zusammen, denn von der konkret formulierten Frage, wo sich der Standort des Sprechenden oder des Geschichtsschreibers befand, oder von der Analyse der Denkbasis eines Redenden hing es durchaus ab, eine klare Antwort zu bekommen oder eine geschichtliche Tatsache zu beleuchten. Schließlich war die Vergleichung als Hilfsmittel unentbehrlich, nicht nur als Arbeit vieler Teams, die für die Beobachtung eines und *desselben* gesellschaftlichen Vorgangs eingesetzt werden, sondern auch in der Vergleichung gleichzeitiger *anderer* Erscheinungen, zum Beispiel in der Malerei, der Musik, der Mode. Wer einmal gelernt hat, auf diese Weise zu beobachten, erhält eine ganz andere Sicht dem Leben, den Menschen und der Geschichte gegenüber. Er wird sich unwillkürlich immer fragen, was steckt dahinter, wo sind die wahren Beweggründe, warum handelt oder spricht oder schreibt dieser oder diese so oder so, und er wird nicht mehr blindlings akzeptieren, was ihm die Geschichtsschreibung vorsetzt. Ich sah auch damals schon, daß es durchaus möglich ist, durch richtige Fragestellung gegenüber gut ausgewählten Menschengruppen und unter Berücksichtigung aller Strömungen und ökonomischen Aspekte den Verlauf bestimmter Ereignisse wie Wahlen, Unruhen, Prosperität oder Depressionen vorauszusagen. Mannheim schickte damals ein Team aus unserem Seminar zur Abstimmung ins Saargebiet mit bemerkenswertem Erfolg.

All diese Dinge waren für den Laien zuerst wie eine Geheimwissenschaft. Überdies mußte man sich die Anfangsgründe selbst erarbeiten, denn die soziologischen Propheten, die zum großen Teil schon aus Heidelberg mit Mannheim gekommen waren, gingen mit wissenschaftlichem Hochmut herum, überzeugt davon, daß sie Künder eines neuen Messias seien, so daß man Angst hatte, seine Unbildung zu verraten. Dies kontrastierte zu ihrem bohèmehaften Gehabe. Viele von ihnen, Juden und Nichtjuden, kamen aus Ungarn, dem Geburtsland Karl Mannheims, oder aus Rußland, denn obgleich weder der Professor noch die Soziologie selbst irgend etwas mit Kommunismus zu tun hatten, lockte doch die Tatsache, daß man sich mit sozialen Schichten und Klassen und der Unterbau-, Oberbau-Theorie von Marx beschäftigen mußte, linksgerichtete Studentenkreise an.

Für mich jedenfalls hatte all das etwas Atemberaubendes, denn es brachte dauernd das Gefühl, einem schöpferischen Prozeß beizuwohnen und in ihm gleichzeitig selbst mitzuwirken. Bei jeder unserer Seminararbeiten, ob sie nun einen historischen Ablauf oder eine Gegenwartserscheinung behandelten, wurden neue Denkkategorien an immer wieder neuen Stoffen angewandt oder ausprobiert, und man kam dadurch zu Erkenntnissen, die niemand voraussagen konnte. Ich hatte im übrigen das deutliche Gefühl, daß ich als Sechsunddreißigjährige wesentlich leichter lernte und aufnahmefähiger war als mit zwanzig.

Mannheim ließ jeden von uns schon sehr früh ein Thema wählen, damit wir uns an den Stoff heranarbeiten konnten. Ich entschied mich nach bitter-süßer Neigung und Erfahrung für den Haushalt. Die Hausfrau? Die Haushaltführung? Der heutige Haushalt? Der Haushalt der Vergangenheit? Der städtische, der ländliche, der bürgerliche, der nichtbürgerliche? In welcher Gegend? Niemand wußte zunächst, wie das aussehen sollte. Aber es wurde etwas daraus. Ich promovierte genau drei Jahre später mit einer historisch-soziologischen Arbeit »Gestaltwandel der städtischen bürgerlichen und proletarischen Hauswirtschaft unter besonderer Berücksichtigung des Typenwandels von Frau und Familie, vornehmlich in Südwest-Deutschland zwischen 1760 und 1933«.

Professor Mannheim hatte aus Heidelberg einen Assistenten mitgebracht, der genau das hatte, was Mannheim nicht besaß. Nicht brillierend wie der faszinierende Erfinder und Verkünder, war Dr. Elias im Gegenteil nach innen gekehrt, gründlich, methodisch und voll uneigennütziger Hilfsbereitschaft für uns alle. Was wir im Kolleg nicht verstanden, erklärte er uns; wenn wir in unseren Arbeiten nicht weiterkamen, so beschäftigte er sich mit unseren Problemen, als ob es seine eigenen wären. Wir nahmen alle an, daß er Mannheims Privatdozent werde. Nachdem mein Thema fixiert und ich schon tief in der Arbeit war, legte mir Mannheim nahe, gleichzeitig mit dem historischen Teil eine Gegenwartsanalyse an ungefähr fünfzig Haushaltungen durchzuführen. Ich bedeutete ihm, daß so etwas über meine Kraft ginge, ich hätte schon mit dieser Arbeit genug zu tun. »Nein«, sagte Mannheim, »es wird gerade für Ihren theoretischen Teil sehr nützlich sein, wenn Sie wissen, wie die praktischen Haushaltungen um Sie herum aussehen, nicht nur als Fortsetzung, sondern in bezug auf den Gestaltwandel.« Und dann fügte er hinzu: »Diese zweite Arbeit, die sicher zu besonderen Ergebnissen, weit über das rein Soziologische hinaus, führen würde, wäre für Ihre wissenschaftliche Laufbahn von großem Wert.« Und dabei blieb es, und ich tat natürlich, was der Chef wollte.

Im Winter 1930/31 kamen Mays zu einem Besuch nach Frankfurt, und ich gab ihnen zu Ehren eine kleine Gesellschaft. Damals sagte Frau May etwas wehmütig: »Allein sein – das gibt es nicht in Rußland«, und sie beschrieb, daß lediglich ein Schrank ihre Wohnung von der nächsten Wohnung abgrenzte. In demselben Winter meldete unsere Grete den Telephonanruf eines Herrn Sowieso, einen Namen, den sie offenbar nicht richtig verstanden hatte. Der Mann rief nach einigen Tagen wieder an. Es war Kurt, den ich seit jenem Römer-Maskenball nicht mehr wiedergesehen hatte. Ich lud ihn zum Tee ein. Er war noch genauso unkompliziert, liebenswürdig und anständig wie vor mehr als fünfzehn Jahren. Er war praktisch und sportlich, wanderte viel, besaß ein Paddelboot und ein Auto. Er wirkte vollkommen unjüdisch und war doch ein traditionstreuer Jude, dessen Familie aus diesem Grund zum Beispiel kein Freitagskonzert-Abonnement nahm. Dem Typ nach hätte er ein Engländer sein können, war aber waschechter Frankfurter, der eingefleischteste, den ich je kennenlernte. Daß jemand so viele Jahre an mir fest hielt, machte mir Eindruck – so etwas kommt eigentlich nur in Romanen vor. Andererseits war ich noch immer altmodisch genug, mich gegen erwachende Gefühle zu sträuben. Auch wußten wir ja beide genau, daß ich – meiner Pension wegen – nicht ans Heiraten dachte. Es vergingen mehrere Monate, bis ich mit einem Weekend-Ausflug einverstanden war.

Es zeigte sich, daß ich ganz und gar nicht frigid war. Der Tanz damals beim Römerfest hatte nicht getrogen. Es war, als ob etwas aufgeschlossen würde, das viele Jahre verschüttet war und beinahe für immer verschüttet geblieben wäre. War es wirklich ich, die eine Woche lang vom Weekend träumte, vom kommenden oder vom vergangenen? War es wirklich ich, die am Montag früh erfrischt und beseligt zur Arbeit ging? Wir hatten drei wunderbare Jahre zusammen, vielleicht genossen wir bewußter und intensiver, da wir an einer Zeitenwende standen und am Ende nur noch von Tag zu Tag, von Stunde zu Stunde lebten. Es war ähnlich wie in der Freiburger Zeit vor dem ersten Weltkrieg.

Es muß im Januar oder Februar 1932 gewesen sein, als Hitler in einer Wahlversammlung in der Frankfurter Festhalle sprach. Ich bekam eine Karte und ging, wie man mir geraten hatte, schon um 1.30 Uhr mittags hin, als die Tore sich öffneten, obgleich die Redner erst für 8 Uhr abends angesagt waren. Trotz des Stroms von Menschen, der die Riesenhalle sofort vollkommen füllte, erhielt ich einen guten Platz ziemlich weit vorne gegenüber der Rednertribüne. Die achtstündige Wartezeit wurde nicht lange, denn es geschah immerfort etwas für uns: Sprechchöre von einer Seite, Sprechchöre von der anderen, Aufmärsche über Aufmärsche, bis sämtliche Organisationen mit ihren Standarten szenisch gruppiert waren, Filmvorführungen überall, wo man hinsah, Ansprachen aus allen Richtungen, und dann die langsame Steigerung vom Kreisleiter zum Gauleiter, vom Gauleiter zu Goebbels, zu Göring. Von Göring zu Hitler? O nein, noch lange nicht! In Etappen wurde, von brausendem Beifall umrahmt, ab 8 Uhr seine Annäherung mitgeteilt: Der Führer verläßt Kassel, er fährt durch Friedberg, er fährt durch Vilbel, Blumen allüberall auf seinen Wegen, triumphierend hält er seinen Einzug. Blasmusik ertönt, Marschlieder zum Ge-

stampf der Stiefel, die Luft ist zum Schneiden, Frauen schreien hysterisch, alles ist in einem Trancezustand – wo hatte ich dies alles schon einmal erlebt? – O ja, die Heilsarmee, damals in London – dies war eine neue Heilsarmee. Ein paar Plätze von mir entfernt saß zufällig meines Mannes alter Arzt, ein bekannter Psychiater, bis damals kein Nazi, vielleicht ein guter Nationalliberaler. Als Hitler schließlich nach 9 Uhr vor der tosenden Menge auf die Tribüne sprang, sagte er halb erstaunt, halb anerkennend, jedenfalls beeindruckt: »O, er sieht sehr gepflegt aus...«

Was Hitler sagte, vielmehr uns mit heiserer Stimme entgegenschrie, weiß ich nicht mehr, es war auch nicht wichtig und bestimmt am nächsten Morgen in der Zeitung zu lesen. Aber was *ich* sagte, als ich nach Hause und an meines Vaters Krankenbett kam, weiß ich noch genau. Ich sagte: »Ihr werdet sehen – das kommt!« Worauf meine Eltern wie aus einem Munde riefen: »Ausgeschlossen!«

»Ausgeschlossen!« sagten sie auch im Seminar am nächsten Tag, »ausgeschlossen!« sagten meine Freunde und Freundinnen, von denen keiner mitgegangen war. »Wie kann man sich nur so viele Stunden dorthinsetzen!« die einen, »Was kommt, kommt, wozu soll ich mich jetzt schon beunruhigen?« die anderen. Ich kaufte mir »Mein Kampf« und las ihn.

Vorerst aber waren wir noch hoch zu Roß, will sagen auf Gummirädern. Für eine Nachzahlung der Universität kaufte ich einen gebrauchten Opel und lernte fahren. Der kleine Wagen war nicht nur Vergnügen und Erleichterung, sondern immer mehr ein Ausweichmittel. Es sollte eine Zeit kommen, in der man nur noch im Auto ruhig und ungestört sprechen konnte.

Nachdem das Beobachtungsschema für meinen »Gestaltwandel der Hauswirtschaft« sorgfältig ausgearbeitet vorlag, war die zweite Schwierigkeit, das authentische Material aus den letzten 150 Jahren herbeizuschaffen, in Haushaltungs- und Wirtschaftsbüchern, in zeitgenössischer Literatur, vor allen in Memoiren, gedruckten und nichtgedruckten, in der frühen sozialistischen Literatur und in den frühen Schriften der Frauenbewegung und sogar in Interviews mit sehr alten Damen. Gleichzeitig wurde im Seminar ein genauer Fragebogen ausgearbeitet, und ich begann mit meinen Hausbesuchen für die Gegenwartsanalyse, ungefähr vom Frühjahr 1931 bis zum Frühjahr 1933. Hier war eine neue Schwierigkeit. Woher bekam ich die Haushaltungen? Die meisten rollten zufällig, irgendwie schneeballartig, auf mich zu, als sich das Thema dieser Arbeit herumgesprochen hatte. Die Einteilung, die ich vornahm, beruhte auf Kategorien von großbürgerlichen, mittelbürgerlichen, kleinbürgerlichen sowie Arbeiterhaushaltungen und arbeitslosen Familien. Von jeder Gruppe wurden ungefähr zehn analysiert, manche von ihnen besuchte ich mehrere Male. Meist hatte ich keine Schwierigkeiten, im Gegenteil, ich stand mit den meisten Familien recht gut, und es gelang mir, die Frauen für die Sache zu interessieren. Ich war aber auch sehr vorsichtig, den Fragebogen nicht allzu sichtbar werden zu lassen, sondern ihn nur im Kopf zu haben, und manche der Fragen, die leicht ans Politische streiften, nur so ganz nebenbei zu stellen. Zum Beispiel »Kaufen Sie im Konsumverein? Oder bei Latscha oder im kleinen Geschäftchen an der Ecke? Gehen Sie manchmal ins Warenhaus? In welche Schule gehen Ihre Kinder? Gibt es dort einen Wanderklub?« Von der Beantwortung solcher Fragen konnte man direkt zur politischen Einstellung der betreffenden Familie vorstoßen. Im März 1933 hatte ich dann zweimal Pech, als ich bei nachmittäglichen Besuchen in einem Hoechster Arbeiterviertel einmal einen Ehemann und einmal einen erwachsenen Sohn antraf, die mich ziemlich deutlich hinauswarfen, so daß ich die Enquête von da an einstellte und während des Sommers, neben der Fertigstellung meiner Doktorarbeit, die ausgefüllten Fragebogen in die Schreibmaschine übertrug. Obgleich die Zukunft mir noch reichlich ungewiß vorkam, war ich von dem Gedanken besessen, die beiden Arbeiten so rasch wie möglich unter Dach und Fach zu bringen. Das erste Vierteljahr 1933 war in bezug auf großbürgerliche Haushaltungen interessant, da oft die Einsparungen und Veränderungen in den reichen Häusern spürbarer waren als bei denen mittleren Zuschnitts.

Klaus war ein verspieltes Kind. Zu Ostern 1932 war er erst fünfeinhalb Jahre alt. Wir machten einen Versuch mit der Ginnheimer Volksschule, aber er war noch nicht schulreif, und wir nahmen ihn zurück in den Kindergarten, wo er bis Frühjahr 1933 verblieb. Im Jahre 1932 starb nach langem schwerem Krankenlager mein Vater. Meine Mutter wurde noch mehr als bisher die geliebteste Freundin, die verständnisvollste und treueste, die ich besaß.

Kurt konnte wegen seiner alten und leidenden Mutter vorerst nicht auswandern. Auch innerlich war er noch nicht so weit. Er konnte sich nicht nur als eingefleischter Frankfurter ein Leben außerhalb Deutschlands schwer vorstellen, sondern er gehörte auch zu den Menschen, die eine unangenehme und einschneidende Entscheidung so lange wie möglich hinausschieben. Es war sehr seltsam: ich selbst stand gänzlich außerhalb des Judentums und des Zionismus, aber für den, der keine Tradition kannte, war der Sprung in den Zionismus und in die Auswanderung nach Palästina leichter als für Kurt, der ein gesetzestreuer Jude war. Er konnte überall außerhalb Deutschlands als religiöser Mensch leben, der Judenstaat war für ihn nicht nötig. Für mich war er die Konsequenz meiner jüdischen Abstammung, ohne daß ich fromm war. Kurt stand mit seiner Haltung nicht allein. Erst später erfuhr ich, daß orthodoxe Juden den Zionismus und den säkularen Judenstaat ablehnten; unter den deutschen Rabbinern waren nur ganz wenige Zionisten. Unter meinen Studiengenossen war Dr. Elias, Mannheims Assistent, der einzige, mit dem man nicht nur über soziologische, sondern auch über politische Fragen sprechen konnte und der nicht den Kopf in den Sand steckte, um alles einfach treiben zu lassen. Er hatte ja auch für sich selbst Entschlüsse zu fassen.

Es muß ungefähr November oder Dezember 1932 gewesen sein, als wir wie immer nach Mannheims Seminar alle zusammen in »unserem Café« an der Bokkenheimer Landstraße bis in die Nacht hinein debattierten. Auf dem Heimweg stoppte ich das Auto vor Dr. Elias' Wohnung, und wir sprachen und sprachen, ehe er ausstieg. Ich weiß nicht mehr, was ich sagte. Es muß sich um meine Einsicht gedreht haben, daß wir in Deutschland nicht *zu Hause* seien und alles andere Illusion gewesen sei. Ich aber wollte ein Zuhause, ein Zuhause im Judentum. Daraufhin sagte Dr. Elias: »Wenn Sie dieser Meinung sind, so bleibt nur eines: nach Palästina gehen.« »Ja«, sagte ich, »das ist die logische Folgerung. Sobald ich Zeit habe, werde ich es mir ansehen.« Dr. Elias war Mitglied des Blau/Weiß, der mitteleuropäischen zionistischen Jugendgruppe, und er wußte recht viel über Palästina. Aber er gehörte jener Art von Zionismus an, von der ein Witz sagte: »Zionisten sind die Leute, die mit dem Geld eines zweiten einen dritten nach Palästina schicken.« Es waren theoretische Zionisten (was schon sehr viel war); viele von ihnen gaben große Mittel für die Organisation und für die Siedlungen in Palästina (was noch viel mehr war). Bei mir aber war es genau umgekehrt, und eigentlich war es sehr einfach: ich wußte nichts vom Judentum, nichts vom Zionismus und nichts von Palästina, aber ich wollte irgendwo mit meiner Familie Wurzel fassen als Jüdin. Und das konnte nur in Palästina sein.

Erst heute, nach so vielen Jahren und vermutlich auch beeinflußt durch Hanna Ahrendts Ideen über die Kooperation der deutschen Juden mit dem Nationalsozialismus (in ihrem Buch »Eichmann in Jerusalem«) – wird mir bewußt, wie sehr ich mit meiner Einstellung Hitlers Ideologie in gewissem Sinne akzeptierte.

Die Ereignisse haben den nach Palästina Ausgewanderten recht gegeben. Was sich während der letzten fünfzehn Jahre im afrikanischen und asiatischen Kontinent vollzog, die Umformung des britischen Commonwealth, wo selbst hunderttausend Einwohner einer Korallen-Insel-Gruppe im indischen Ozean Unabhängigkeit erlangten und in die UNO einzogen, oder was sich im Herzen Europas, im Schweizer Jura, demonstriert und in vielen anderen Ländern, das sind Späterscheinungen einer ähnlichen Idee, die 1896 Theodor Herzl entfachte: die Renaissance und das Unabhängigwerden des jüdischen Volkes. Wenn das deutsche Volk seine fünfhunderttausend Juden los sein wollte, so hätte es die Möglichkeit gehabt, unter Kooperation der zionistischen und nicht-zionistischen Juden in Deutschland und der Welt mit der Hilfe Englands die Initiative zur Umsiedlung der Juden nach Palästina zu ergreifen. Es wäre eine noch viel grandiosere Tat gewesen als die Deklaration des Lord Balfour vom Jahre 1917 in England. Sogar das Textbuch für dieses

»Transportunternehmen« lag in Herzls »Alt-Neuland« vor. Aber das deutsche Volk verpaßte diese großartige Gelegenheit und wählte statt dessen die Kristallnacht und die Gaskammern. Damals aber, im Winter 1932/33, dachten wir weder an große Ideologien noch an Massenaussiedlungen irgendwelcher Art. Wir wußten noch nicht einmal, wie alles werden würde und ob die Nationalsozialisten all das wahrmachten, was Hitler in »Mein Kampf« über seine Judenpolitik gesagt hatte. Jeder war mit seinem eigenen Schicksal beschäftigt, jedes Schicksal war anders, und für jeden sahen die Möglichkeiten anders aus.

Im Frühling 1933 begann erst mein sechstes Semester. Ich konnte die Arbeit während des Frühsommers einreichen und damit rechnen, unter normalen Umständen zu Beginn des Winter-Semesters zur Promotion zugelassen zu werden. Ungefähr zur gleichen Zeit wanderte Professor Mannheim nach England aus, er erhielt eine Professur an der London School of Economics. Im selben Semester ging Dr. Elias nach Paris und kam nicht wieder.

Zu Ostern 1933 mußte Klaus eingeschult werden. Nach den Erfahrungen mit der Ginnheimer Volksschule ein Jahr zuvor wollte ich ihn unter den veränderten Umständen keinesfalls dorthin schicken. Ich meldete ihn in der Odenwald-Schule an, einem Landerziehungsheim, das unter privater Leitung stand. Vorher, Ende März, hatte ich Anwandlungen gehabt, »es dem Kinde so leicht wie möglich zu machen«. Er war nicht beschnitten, gehörte also nicht zum Bund Abrahams, und obgleich ich im Grunde nicht glaubte, daß ein Übertritt zum Christentum irgend einen Effekt hätte, war ich andererseits durch meine Erziehung religiösen Werten gegenüber zu indifferent. Ich besuchte unseren alten Freund Pfarrer Foerster, und wir setzten einen Tag Anfang April fest, an dem er zu uns kommen sollte. Dann kam der 1. April 1933. In Frankfurt wurde, außer allem anderen, was an diesem Tage geschah und begann, eine Gruppe von prominenten Juden – Kaufleute, Anwälte, Ärzte – wahllos und ohne Grund in der brutalsten Weise durch die Straßen gejagt. Danach schrieb ich an Pfarrer Foerster, daß es mir jetzt innerlich unmöglich sei, und daß ich ihn bäte, nicht zu kommen. Ich erhielt darauf den folgenden Brief.

»D. Erich Foerster, Pfarrer der deutsch-evangelisch reformierten Gemeinde. Frankfurt am Main, 4. April 1933.

Sehr verehrte gnädige Frau, verzeihen Sie, daß ich das übersehen habe. Ich verstehe Ihre Motive und Entschlüsse vollständig, nein mehr: ich ehre sie. Ich bitte Sie, bei allem Schweren dieser Zeit nur eins nie zu vergessen: daß es auch andere gibt, die ebenso leiden, und das sind: die bewußten Christen, von denen ich auch einer sein möchte. Gekreuzigt werden ist schwer, denn unser Fleisch ist schwach, aber Kreuzigen ist gemein und verdammt in die Hölle. Und wie ist das Zuschauenmüssen? Wie ist – meine Lage? Das bewegt mich bei Tag und Nacht. Was ist von dem Volke zu halten, das unter dem Kreuz feige stand – und zuschaute und schwieg? Wenigstens vor den Machthabern schwieg? Seien Sie nicht böse, wenn ich an einem Wort in Ihrem Brief Anstoß nehme. An den ›Zeiten, die für Assimilationsbestrebungen günstiger sind‹. Ethische Fragen gehen zugrunde in naturwissenschaftlichen Kategorien. Entscheidungen sind keine Assimilationen. Auch Ihre Entscheidung ist das gottlob nicht, sondern Gehorsam. Und er wird an Ihnen und Ihrem Kinde nicht ungesegnet bleiben. Mit herzlichem Gruß Ihr Foerster.«

Ich hatte ihm genau die Gründe dargelegt und offenbar keinen Zweifel daran gelassen, daß meine Absicht vom Zweck und nicht von inneren Motiven bedingt gewesen sei. Auf diese Äußerung bezieht sich der Passus in Pfarrer Foersters Brief über »Assimilationsbestrebungen«. Der Brief läßt natürlich von Neuem die bis ans Lebensende unserer Generation quälende Frage offen, warum sich der innere Widerstand der Grüber, Mass, Niemöller, Foerster und anderer nicht in aktive Revolte verwandelte.

Am 1. April geschah noch etwas anderes: Dr. Robert Weltsch, der Herausgeber der jüdischen Rundschau, schrieb damals Artikel von großer und bleibender Bedeutung »Tragt ihn mit Stolz, den gelben Fleck« und »Ja-Sagen zum Judentum«. Der Eindruck und der Einfluß dieser und anderer Artikel von ihm waren gewaltig. Die jüdischen Menschen Deutschlands, die vollkommen aus der Bahn geworfen waren, nicht nur im materiellen Sinne, sondern viel schlimmer in geistiger Hinsicht, sahen auf einmal wieder einen Inhalt und eine Wegweisung in ihrem Leben. Da es von einem alten Zionisten gesagt wurde, der in eben jenen Artikeln empfahl, daß »die Schrift, die an der Wiege des Zionismus stand, Theodor Herzls ›Judenstaat‹, in hunderttausend Exemplaren unter Juden und Nichtjuden verbreitet werden müßte«, war es klar, daß er bestimmt nicht damit meinte, wir sollten nun in Deutschland bleiben und mit neu erworbenem jüdischen Stolz dort kooperieren oder untergehen. Sondern es war ebenso klar, daß man erst den Weg zum Judentum finden müsse, ehe man Zionist wurde und den Weg zur Auswanderung fand.

Noch ein anderer Weg, der uns das Ja-Sagen zum Judentum erleichterte, wurde uns damals gezeigt, ein Buch, »Weg ohne Ende« von Gerson Stern. Auch dieses war das richtige Wort zum richtigen Zeitpunkt. In Romanform wurde hier die Geschichte unserer Ahnen, der Juden Mitteleuropas, erzählt. Ihr Leben im Ghetto, ihre Verfolgungen, ihre Glaubens- und Seelenstärke. Wir sahen, daß wir nicht allein standen, sondern eingefügt in die Kette der Geschlechter, und beides – der Stolz auf unser Judentum und das Einzigartige des jüdischen Schicksals – gaben uns Stärke und eine Hoffnung für die Zukunft.

Es gingen Gerüchte um, daß unsere Pässe konfisziert würden. In der Tat wurden wir aufgefordert, unsere Pässe abzugeben. Auf dem Polizeirevier traf ich die Frau unseres schon vor längerer Zeit nach Palästina ausgewanderten Arztes. Sie war mit den Kindern und seinen alten Eltern vorläufig zurückgeblieben. Als der Beamte unsere Pässe nahm und oben auf einen Schrank warf, sagte sie: »So, nun sitzen wir drin in der Mausefalle.« Einige Wochen später konnten wir sie wieder abholen, sie lagen noch genauso auf demselben Schrank. Mein Auto bewährte sich jetzt, da ich meinen Paß wieder hatte. Ich konnte Freunden bei der Vorbereitung ihrer Reisen und der Auswanderung behilflich sein, und ich fuhr nach Zürich, eröffnete auf einer Großbank ein Konto für die monatlich erlaubten Beträge, die man damals noch aus Deutschland schicken durfte, und ich nahm einen Safe und deponierte darin meinen und meiner Mutter Schmuck.

Zu Beginn des Sommersemesters wurden eines Tages die Namen der jüdischen Stifter der Universität, die in der Eingangshalle eingemeißelt waren, zerstört. Alle Wände wurden neu gemeißelt. Am folgenden Morgen hatte ein altes Stifter-Ehepaar (Moritz N. Oppenheim und seine Frau) – Eltern sehr naher Freunde von uns, die schon ausgewandert waren – Selbstmord begangen. Die Universität war gleichgeschaltet. Rektor wurde ein bekannter nationalsozialistischer Philosoph aus Heidelberg. Ich konnte meine Arbeit bei zwei älteren Professoren einreichen, die zur alten Garde der Universität gehörten und interimsweise den soziologischen Lehrstuhl versahen, der eine ein Historiker, der andere ein Sozialpolitiker (Georg Küntzel und Heinz Marr). Auf den Rat des Historikers, der es gut mit mir meinte, milderte ich einige Stellen in der Einleitung, die zu stark nach marxistischer Theorie aussahen. Ich brachte etwas von »blutsmäßiger, volkshafter und religiöser Bindung der Frau und von den ewigen Grundwerten von Ehe und Familie« hinein. Im übrigen wurde die Arbeit, wie sie war, akzeptiert. Die mündliche Prüfung wurde für Dezember 1933 angesetzt.

Als ich eines Tages im Sommer Klaus in der Odenwald-Schule besuchte, bemerkte ich Veränderungen. Er hatte einen anderen Lehrer, der ihn schlug, wenn er nicht rechnen konnte, und als ich nach dem Schulleiter fragte, hörte ich, daß er in seinem Hause lebte, aber nichts mehr mit seiner Schule (die von ihm gegründet, finanziert und viele Jahre geführt worden war) zu tun hätte. Dr. Geheeb bestätigte dies und riet mir, meinen Sohn zu den Sommerferien herauszunehmen; er glaube nicht, daß die Schule jüdische Kinder behalten werde. Er selbst wolle in die Schweiz und vielleicht dort trotz seines Alters eine neue Schule gründen. Dies war schrecklich und gab mir einen Schock. Ein zweiter Schulwechsel! Und gerade für Klaus, der ein sensibles und schwieriges Kind war. Ich hatte gehofft, ihn bis zur Auswanderung in einer Schule lassen zu können. Es blieb mir nichts anderes übrig, als eine andere Privatschule zu suchen, und das war nicht leicht, denn die großen Landerziehungsheime wie Salem waren ausgewandert oder aufgegeben, und immer weniger Schulen wollten jüdische Kinder nehmen.

Ise schrieb von München, daß eine ihrer Bekannten

am Starnberger See eine kleine Schule hätte. Sie sei Psychoanalytikerin und ein netter, zuverlässiger Mensch. Die Psychoanalyse paßte mir nicht sehr und die große Entfernung auch nicht. Aber Ise war nahebei, und ich hatte keine Wahl. Nach den Sommerferien brachte ich Klaus dorthin. Ich hatte noch Ise und eine ältere Verwandte im Auto. Wir mußten in einem kleinen niederbayrischen Ort übernachten, und an jenem Abend war eine von Hitlers großen Reden im Radio angesagt. Die Wirtsstube war voll von biertrinkenden Männern und Tabaksqualm, als die »Stimme« begann. Alles war stumm und still. Ise, die einzige »Germanin« unter uns vieren und im übrigen eine der Aufrechten und Mutigen im Dritten Reich, wollte sich das absolut nicht anhören und mit Klaus hinaufgehen, und Klaus, den die donnernde Stimme aufregte, war auch nicht mehr zu halten. Ich hatte die größte Mühe, sie am Aufstehen zu hindern, denn ich fand, daß das Hinausgehen nach Protest aussah. Ich wollte jedes Aufsehen vermeiden – es war äußerst unangenehm. Nein, in diesem Lande konnte man nicht mehr leben, wir waren schon innerhalb weniger Monate Fremdlinge geworden.

Der Spätsommer verging mit meiner Vorbereitung für das mündliche Examen und für einen Vortrag bei dem Kongreß des internationalen Instituts für Soziologie, der im Herbst 1933 in Genf stattfinden sollte. Dr. Elias und ich waren eingeladen worden anstelle von Professor Mannheim, der London nicht verlassen wollte. Im Rahmen der »soziologischen Vorsorge«

sprach ich in Französisch über »die menschliche Behausung« (»l'Habitat humain«). Es war ein schöner Kongreß in Genf. Ich diskutierte mit anderen Soziologen und genoß es, daß man in menschlicher und gesellschaftlicher Beziehung wie ein normales Wesen gewertet wurde. Auf der Rückreise machte ich in Basel halt, um mich beim Dekan nach dortigen Aussichten für eine eventuelle Habilitation mit meinen deutschen »Haushalt-Analysen« zu erkundigen, denn diese waren wesentlich nur für einen deutschen Sprach- und Kulturkreis interessant. Man lachte mich aus, denn sie konnten fertige Privatdozenten und Extraordinarien, die aus dem Dritten Reich flohen, in Hülle und Fülle bekommen.

Im Dezember promovierte ich dann zum Dr. phil. mit dem Prädikat »gut«, und der erste Teil des »Gestaltwandel« erschien im März 1934 im Druck.

Klaus kam zu Weihnachten nach Hause. Wie immer ging ich mit ihm zum Einläuten auf den Römerberg und zur Krippe in den Dom. Wir hatten einen Weihnachtsbaum, die Kerzen brannten, ich spielte »Stille Nacht – heilige Nacht« auf der Geige, Mutter begleitete am Klavier und Klaus sang. Nach ein paar Takten brach ich plötzlich ab, warf die Geige in den Kasten und sagte: »Nein, ich kann nicht weiterspielen, dieses Jahr nicht.« Niemand war unglücklich darüber, offenbar hatten wir alle drei, jeder aus einem anderen Grund, das Gefühl, daß hier falsche Töne herauskamen und allerhand nicht mehr stimmte. Ich buchte meine Palästina-Reise auf Mitte März 1934 und die Rückreise auf den 15. Mai. Vorher aber, Anfang Februar, ging ich auf Bitte meiner Mutter nach England, um mit Mannheim zu sprechen und seinen Kreis wiederzusehen. Vielleicht, so dachte sie, gäbe es dort Möglichkeiten für mich, auf meinem Gebiet weiterzuarbeiten. Warum in solcher Eile alles über Bord werfen und so weit fortrennen? Der Gedanke an Palästina war ihr nicht sympathisch, die wenigen Zionisten, die sie kennengelernt hatte, waren irgendwie anders als die Menschen ihres Lebenskreises, und die Literatur, die ich ihr gegeben hatte, war ihr fremd. Unsere Familie hatte niemals Beziehungen zu Menschen aus dem Osten, aus Rußland oder Polen gehabt, niemand konnte jiddisch, jedem von uns gab es einen Stich, wenn wir ein mit Akzent oder Jargon gesprochenes Deutsch hörten. Wir hatten niemals Menschen erlebt, die immer mit einem Käppchen auf dem Kopf herumgingen. Diese äußeren und äußerlichen Dinge wurzeln sehr tief und waren teilweise sicher die Ursache für die negative Haltung vieler assimilierter deutscher, vor allem westdeutscher Juden zum Komplex Judentum und Zionismus.

Mein Besuch in England wirkte genau umgekehrt, als meine Mutter gehofft hatte. Es war geradezu erstaunlich und beklemmend, wie Mannheim, der ungarische Jude, der sich in Deutschland mit so viel Eifer assimiliert hatte, in einem kurzen Jahr in England ein Engländer geworden war. Auch seine Schüler und Jünger waren emsig bestrebt, das Gleiche zu tun. An einem Abend, während ich dort war, kam das Ehepaar Mannheim von einer Party bei Kollegen zurück und erzählte voller Begeisterung, wie wohltuend naiv und harmlos diese Engländer seien, sie hätten nach dem Essen Gesellschaftsspiele gespielt, und er selbst habe in Blindekuh oder so etwas mitgetan, sie hätten sich herrlich amüsiert.

Nein, dazu hatte ich keine Lust! Ich wollte mich ganz gewiß nicht nochmals an etwas assimilieren außer an das, was in mir selbst lag – an mein jüdisches Bewußtsein. Wenn es so etwas wie Palästina gab, das Juden gerade für Juden aufbauen wollten in einem Land, das vor zweitausend Jahren unser gewesen war und in dem wir der Welt die Bibel gegeben hatten, so gehörte ich dorthin, und ich mußte es mir ansehen, ehe ich die Brücken abbrach. Mannheim konnte mich nicht verstehen: Er wollte ja gerade aus dem Judentum heraus und nicht in es zurück. Er hatte der Welt noch sehr viel zu sagen, dazu brauchte er ein entwickeltes Land und nicht eines, das erst am Anfang stand und in dem er eine schwere Sprache erst lernen mußte. Ich hielt es nicht länger als zehn Tage in England aus.

Aber meine Londoner Reise hatte doch einen Erfolg: ich hatte eine kurze Besprechung mit einem bedeutenden Pädagogen, der seit vierzehn Jahren in Palästina lebte. Damals war er Lehrer an der Haifaer Realschule und zu Studien- und Lehrzwecken für ein Jahr nach Europa beurlaubt. (Professor Ernst Simon

bekleidet inzwischen seit vielen Jahren den Lehrstuhl für Pädagogik an der Hebräischen Universität in Jerusalem.) Er gehörte zu einer vermögenden, assimilierten und nicht frommen Berliner Familie. Nach dem ersten Weltkrieg, an dem er teilgenommen hatte, war er nicht nur Zionist, sondern gläubiger Jude geworden und setzte seine Überzeugung in die Auswanderung nach Palästina um. Wir trafen uns im Britischen Museum, wo er arbeitete, und in dem kurzen Stündchen in einem kleinen Café neben dem Museum schilderte er das jüdische Palästina, seine Menschen, seine Aufgaben. Er gab mir ein Stück seines eigenen Lebensweges und seiner speziellen zionistischen Ideologie, seiner Liebe zu dem Land und seines Glaubens, und damit flößte er mir den Mut und das Selbstvertrauen ein, die ich brauchte, um zu gehen. Es war die dritte starke Injektion, die ich erhielt, nach Robert Weltschs »Jüdischer Rundschau« und Gerson Sterns »Weg ohne Ende«.

ERSTE REISE NACH PALÄSTINA

Vor der Abfahrt am Bahnhof in Frankfurt gab es eine Überraschung. Eine Klassenkameradin (eine von den beiden, die samstags nicht schrieben) stand mit ihrem Mann vor meinem Abteil, um ihrer Schwester Lebewohl zu sagen, die die ganze Reise bis Haifa mit mir zusammen machte. Die Überraschung war auf der anderen Seite noch stärker, da niemand, der mich bis dahin kannte, bei mir Zionsliebe vermutete. Für Ella, einen besonders lieben und warmherzigen Menschen, war es die zweite Palästina-Reise; sie war Kinderschwester und hatte ihrer dritten Schwester, die mit einem Kinderarzt verheiratet war, während der schweren Anfangszeit in den zwanziger Jahren in einem Vorort Haifas geholfen. Sie erzählte viel von dem damaligen primitiven Leben, aber auch, wie glücklich alle gewesen seien.

Die hell erleuchtete »Aquitania«, einer der größten und luxuriösesten Dampfer der damaligen Zeit, lag weit draußen im Hafen von Ville France, als wir bei strömendem Regen und hoher See hinübergerudert wurden und sozusagen direkt in Tanzmusik und Ballsäle gerieten, in denen sich die elegantesten amerikanischen Paare drehten. Es sah ganz und gar nicht nach Auswanderung aus. Die »Aquitania« kam aus Amerika und fuhr über Athen, Istanbul und Rhodos nach Haifa. Ich hatte Touristenklasse, aber auch diese war so komfortabel und luxuriös wie sonst eine 1. Klasse. Als das Schiff am 15. März um Mitternacht die Anker lichtete, hatte ich im Halbschlaf in meiner winzigen Innenkabine das deutliche Gefühl des Beglücktseins, dem alten Europa entronnen zu sein. Am ersten Abend wurde ich bei der Tischkarten-Ausgabe zum Speisesaal etwas gefragt, was ich nicht gleich verstand. Es stellte sich heraus, daß das Wort »koscher?« war. Ella zuliebe nahm ich den Platz im koscheren Speisesaal. Und wurde reichlich dafür belohnt. Nicht nur, daß hier fast alle Palästina-Reisenden aßen und man dadurch einen Überblick über die bunte Zusammensetzung von Einwanderern, Touristen und Besuchern bekam, sondern wir machten sogleich eine ebenso interessante wie nette Bekanntschaft. Uns gegenüber am Tisch saß ein fein und klug aussehender Herr von ungefähr Ende Fünfzig, der uns freundlich beobachtete, als wir das Menü studierten. Auf dem Tisch standen schwarze Oliven. »Kosten Sie diese Oliven«, sagte der Herr gegenüber, »sie sind vorzüglich.« »Ich habe noch nie in meinem Leben Oliven gegessen«, sagte ich. »Das müssen Sie aber lernen«, sagte er, »wenn Sie in den Orient fahren.« Dann stellte er sich vor, wobei ich, wie immer in solchen Fällen, den Namen nicht verstand. Aber dann las ich ihn auf seiner Serviettentasche. Er war Arthur Eloesser, der bekannte Theaterkritiker und Literaturhistoriker aus Berlin. Er kam aus England von einem Besuch bei der großen Schauspielerin Elisabeth Bergner, die er durch seine Kritiken berühmt gemacht hatte, und er fuhr nach Haifa, wo sein Studentensohn seit einem Jahr Drahtzäune fabrizierte. Hinter ihm war alles zusammengebrochen, die Vossische Zeitung sollte am 1. April schließen, und wer würde etwa noch sein zweibändiges, vor kurzem bei Bruno Cassirer verlegtes Werk »Die deutsche Literatur« lesen? Er war kein Zionist, aber von Hause aus ein guter Jude, klug und großzügig. Sein feiner und gütiger Humor und seine natürliche Lebensfreude, sein geschliffener Geist und vor allem seine umfassende Bildung machten es ihm möglich, diese Reise zu genießen, ohne an die Sorgen von Morgen zu denken. Wir wurden gute Freunde. Da er überall in der künstlerischen, vor allem literarischen Welt Beziehungen hatte, war es für mich sehr interessant, mit ihm zu reisen. – Vorerst aber lagen wir alle an Deck in der Sonne, fuhren über das blaue spiegelglatte Mittelmeer und träumten vom Heiligen Land. Wir aßen Orangen und Grapefruits und Oliven und kamen uns dabei schon sehr orientalisch vor. Die meisten Touristen waren solche, die zur Erkundung fuhren, so wie ich, oder Eltern, die ihre Kinder besuchten, die sie schon frühzeitig fortgeschickt hatten, viele davon in Kibbuzim. Diese Eltern fuhren fast alle wieder fort – in eine ungewisse Zukunft – die meisten kamen nie wieder. Es ist aber nicht wahr, was so oft gesagt wurde, daß sie das primitive harte Leben in Palästina nicht aushalten konnten und sich von ihren schönen Appartements oder ihrer Villa in Deutschland nicht trennen mochten. Es war in vielen Fällen so, daß sie ihren Kindern in ihrem schweren Leben nicht zur Last fallen wollten. Ihr Herz trieb sie zu den Kindern, aber die Vernunft sagte ihnen, in Deutschland auszuharren. Damals, 1934, konnte niemand mit Bestimmtheit vorausahnen, daß es eines Tages keine Zertifikate mehr geben würde, statt dessen aber eine Kristallnacht, einen Weltkrieg und Gaskammern.

Es waren auch viele Funktionäre der Jewish Agency auf dem Schiff, die für die verschiedenen Einwanderungsgruppen verantwortlich waren. Für sie gab es auf dem Schiff noch eine dritte Klasse unter der Touristenklasse. Damals war es noch eine geordnete Einwanderung, meist Jugendliche aus Mitteleuropa, aber auch aus anderen Ländern, Osteuropa und den Balkanländern. Ich erhielt unterwegs einen ersten Einblick in den Mechanismus dieses jüdischen Staates, der von zwei Stellen aus gelenkt wurde: einmal von außen, von der Jewish Agency, die die Einwanderung, die Absorption im Lande und die Mittelsammlung dafür besorgte, und zum anderen von innen, von dem Waad Leumi und dem Beth Haniwcharim, einem kleinen nationalen Parlament, das vom Jischuw, der Gesamtheit der Angesiedelten, gewählt wurde. Dies alles im Rahmen eines Mandatslandes der britischen Regierung.

HAARETZ
20. MÄRZ – 14. MAI 1934

Nach einer Nacht, die wir singend und tanzend, voll Erregung und Erwartung verbracht hatten, und in der das Carmel-Leuchtlicht – viele Meilen weit sichtbar im Mittelmeer – einen Freudentaumel auslöste, lag am frühen Morgen »das Land«, mein Land, sonnenbeschienen vor uns. Auf der Bibel basierend (Genesis 12. Kapitel) ist der Ausdruck »das Land«, auf Hebräisch »Haaretz«, während der gesamten jüdischen Geschichte und im heutigen Sprachgebrauch gleichbedeutend mit »Eretz Israel«, d.h. »Land Israel«, dem Israel der biblischen Zeit, der nachbiblischen Zeit bis zum politischen Begriff der Moderne. »Aretz« ist, was die Juden meinten, wenn sie von Palästina sprachen, »artza« heißt, wenn sie nach Palästina auswandern, »Chutz learetz« sind alle Länder außerhalb Palästinas (heute Israels). Wenn man ins Ausland reist, so reist man nach »Chutz learetz«, d.h. außerhalb des Landes. Haifa sah an diesem Märzmorgen – nach der Regenzeit – wie frisch gewaschen aus, die weißen Häuser krochen den Berg herauf, der Carmel war grün und bewaldet und die Sonne Israels kam gerade mit ihren ersten Strahlen aus den östlichen Bergen heraus – – »ex oriente lux«. Die losen Notizen, die ich von der Aquitania-Fahrt nach Hause sandte, setzten sich von Palästina aus folgendermaßen fort:

»Märchenfahrt – Märchenstadt: Ankunft in Haifa. Stundenlange Formalitäten, schwere Probe für die Eltern, deren Söhne und Töchter draußen warteten. Ungefähr 200 Leute, die nicht vor 6 Uhr abends aussteigen des Sabbat wegen. Darunter Frau Bankier E. aus Karlsruhe, obgleich sie ihren Mann seit einem Dreivierteljahr nicht gesehen hatte. Schließlich Ausbootung und Landung im gelobten Land. Große Schiffskräne mit Riesennetzen voll Koffern. Arabische Gepäckträger mit viel Geschrei und viel Gaunerei. Es war Samstag, sonst seien auch viele Juden als Träger da. Ebenso die Autos des Sabbat wegen sehr teuer. Autobusse gehen nicht bis 6 Uhr. Ich fuhr auf den Carmel, wo ich in der Pension Wollstein bestellt hatte. Fahrt den Berg hinauf durch die wundervoll zwischen Meer und Berg gelegene Stadt, jedes zweite Haus ist ein Neubau. An jedem Haus steht mindestens ein Arztschild. Es sieht alles ganz amerikanisch aus. Flache Dächer, entweder in gelbem Felsgestein des Carmel gebaut oder in Beton. Sehr guter Stil, frei nach May. Entzückende, ganz kleine flache Häuschen bis hoch hinauf. Neu für die, die vor drei Jahren zuletzt in Haifa waren: der ausgebaute Hafen, die Wälder des Carmel und die gute Autostraße hinauf. Reizendes Haus mit Blick aufs Meer, in dem ich wohne. Ein May-Pavillon, Bauhausmöbel, fließendes Wasser. Eine Brause neben der Toilette. Nicht heiß heute, man konnte fast den ganzen Tag den Mantel vertragen. In den Mittagsstunden große Ansammlung von Störchen, die zu euch ziehen wollen. Landgemäße Verpflegung: Mittags – Suppe, Gemüsesalate, kalte Platte und Kartoffelauflauf, Obstsalat, um halb 5 Uhr Tee, abends – warme Gemüseplatte mit Rührei, Käse, Obst. Teuer: 80 Piaster, fast zehn Mark pro Tag, alles inbegriffen. Für Übergang und Ausruhen so recht geeignet. Bleibe nur einen Tag. Nach 6 Uhr fuhr ich mit dem Autobus herunter, alles versteht Deutsch, es ist alles jüdisch, was nicht wie Beduinen aussieht. Das Hebräisch klingt gut, große schöne jüdische Gestalten. Um wieder hinauf zu kommen, hielt Eloesser jun. einfach ein Taxi an, in dem schon eine Dame saß. Der Chauffeur sah aus wie ein »Herr« (was er natürlich auch war), und für einen Piaster nimmt er uns einfach mit. Wundervoll sind die Jungens, die Söhne der Eltern, mit denen ich auf dem Schiff fuhr. Eloesser ist Autoschlosser, Monteur, Schlosser überhaupt. »Vater, darf ich dir meinen Kompagnon vorstellen«, ein bildhübscher Herr Levin verbeugt sich, »nein, morgen können wir nicht mit, wir müssen einen Drahtzaun fertig machen«. Der junge E. ist mit anderen Berliner Kameraden in einer Siedlung. Der Vater will jetzt einmal sehen, was aus dem Geld geworden ist, das er in die Siedlung gesteckt hat. – Die Jungens sagen, daß eine Taxichauffeuse mit eigenem Auto, trotzdem es zwei gibt, in Haifa noch gute Geschäfte machen würde.

Sonntag-Morgen: Autobuschauffeur liest erst seine

hebräische Zeitung fertig, ehe er vom Carmel herunter fährt, dann sagt er zu einem Kind: »Du bist doch noch nicht 6 Jahre alt? Du brauchst nicht zu bezahlen.« Hoher arabischer Feiertag, an dem die großen Institute geschlossen haben, z. B. die Anglo-Palestine-Bank. Ich sah mit E.'s aus Hamburg (Verlag) zusammen in einem Auto die Eliashöhle, die deutsche Kolonie (von den Templern gegründet), das Carmeliterkloster auf dem Carmelberg. Stoß-Seufzer von Frau E.: »Wir haben 5 Kinder und 2 Omas zu verpflanzen.« Am Nachmittag mit unseren Leuten vom Schiff per Auto die Haifa-Bucht und Akko. Eigenartige Landschaft: Bebautes Land, unbebaute Strecken, Siedlungen der Europäer, arabische Zelte, arabische Hütten, Kamele, Schafherden, Feigen-Kakteen, Palmen. Akko ganz arabisch, der unerhört bunte Feiertag spielte sich auf dem und um den Friedhof ab.

Die Pension auf dem Carmel, die einem Anwalt gehörte und von seiner Frau geführt wurde (beide aus Deutschland und seit vielen Jahren im Lande), war eine der wenigen, die es überhaupt gab. Die Touristik war damals für Palästina noch nicht entdeckt. Außer dem sehr schönen neuen King-David-Hotel und dem Hotel des Y.M.C.A., beide in Jerusalem, gab es nur recht mittelmäßige Hotels an verschiedenen Plätzen des Landes, und man war vollkommen daran gewöhnt, daß mehrere Menschen zusammen in einem Zimmer wohnten. Auch die Archäologie, die Schönheit des Meeres und der Landschaft und des Sonnenscheins waren noch nicht entdeckt; es gab kaum Ansichtskarten zu kaufen. Die Kooperative-Vermarktungsgesellschaft für Milch und Milchprodukte hatte überall im Land in Städten und Dörfern kleine Verkaufs- und Eßstuben. Dort konnte man billig und gesund all die Dinge essen, die das Land produzierte: Käse, eine Art Yoghurt, Sahne, Honig, Oliven, Früchte, Fische und Fruchtsäfte. Dagegen gab es fast keine Restaurants, und die Cafés waren winzige Eckchen, die gerade deshalb, weil man sich kaum darin herumdrehen konnte, einen gemütlichen Charme hatten. Auch in vielen ähnlichen Dingen zeigte sich etwas Typisches im damaligen Palästina: diese Juden waren anders als die Juden Europas. Sie waren nicht aufs Geldverdienen aus, nach Palästina ging man nicht, um reich zu werden. Man pflegte damals zu sagen, daß die russische Einwanderung qualitativ die beste war, danach kam die tschechische, die verschwindend kleine mittel- und westeuropäische, die polnische und die der Balkanländer. Es gab mehreres, was ihnen allen gemeinsam war. Sie kamen vor oder nach Verfolgungen, d. h. infolge echter Pogrome oder wirtschaftlichen, geistigen und moralischen Druckes, um in der Freiheit ihr Ziel einer neuen Gesellschaft zu verwirklichen. Es war eine Art sozialistischer Idealismus, den sie in die Realität umsetzten: daher – und auch, weil im schweren und gefährlichen Land der einzelne nichts, die Gemeinschaft alles war, – das Kibbuz-System, die kollektive und kooperative Arbeit. Das zweite war: sie hatten kaum Fachkenntnisse, weder in der Landwirtschaft, noch im Handwerk, noch in der Industrie. Sie mußten alles in der eigenen Arbeit und mit dem eigenen Körper erfahren und erlernen. Man sagte damals, daß nicht »Aba« (Vater) das erste Wort sei, das ein Kind sprach, sondern »Avoda« (Arbeit), und wenn man einen kleinen Jungen fragte, was er werden wolle, so sagte er mit Begeisterung »Poel« (Arbeiter). Für diese realen und irrealen Komponenten, die zum Zionismus geführt hatten – Verfolgung und wirtschaftlicher Druck einerseits und der Traum einer sozialistischen Erneuerung andererseits – gab es nur Palästina – Zion – als einziges Land zur Verwirklichung. Als 1903 die britische Regierung Uganda der zionistischen Organisation als autonome jüdische Siedlung anbot, wurde dies – aus grundsätzlichen Bedenken vom Zionisten-Kongreß in Basel abgelehnt. Denn die reale und irreale geschichtliche Erinnerung von 2000 Jahren führte zu diesem Land allein. Dabei war diese Jugend, die vor und nach dem ersten Weltkrieg einwanderte, in ihrer Mehrheit nicht fromm wie ihre Eltern und weit von der traditionstreuen Atmosphäre ihrer Heimat entfernt. Sie konnte auch kein Jiddisch mehr wie ihre Eltern, sie sprach natürlich hebräisch und ging in eine hebräische Schule. Dort lernte sie die Bibel, nicht als Religionsunterricht, sondern als Geschichte, die normale Geschichte ihres Volkes. Dieser erste Kern der jüdischen Arbeiterschaft schuf sich eine kraftvolle Organisation, die Histadruth, die damals (im Jahre 1934) 56000 Mitglieder umfaßte und an die die Krankenkasse und der Arbeitsnachweis angeschlossen waren.

Auch die neue deutsche Einwanderung nach 1933 zeigte bemerkenswerten Idealismus und Optimismus. Ein Arzt aus Deutschland, der selbst ein Auto mitgebracht hatte, eröffnete in Haifa ein kleines Geschäft für Autozubehörteile. Später wechselte er wieder in seinen Beruf zurück. Ein Frankfurter Frauenarzt-Ehepaar errichtete auf dem Carmel eine kleine Klinik, mit Stolz zeigten sie mir, daß alles – vom Vorhang bis zum Laboratorium – »Tozeret Haaretz«, d.h. ausschließlich im Lande hergestellt war, nichts war importiert, und es war alles erstaunlich praktisch und geschmackvoll. Kurts Schwager aus Berlin, der seit kurzem mit seiner Familie in Tel-Aviv lebte, hatte eine private Krankenkasse gegründet, etwas ganz Neues für Palästina, da es bisher ausschließlich die Krankenkasse der Histadruth, der Arbeiter-Organisation, gab. Ich badete im Toten Meer, an dessen Ufer, 400 Meter unter dem Meeresspiegel, ein kleines Restaurant stand. Der Besitzer – von der nördlichsten deutschen »Waterkant« – hatte sich in diese einzigartige Gegend verliebt und war entschlossen, hier ein Hotel zu bauen (er führte diese Pläne in der Tat einige Jahre später aus). In meinem funkelnagelneuen Tel-Aviver Hotel war ein junger Anwalt aus Deutschland als Portier. Er erhielt später einen Job bei der deutsch-palästinensischen Einkaufs- und Transfergesellschaft, was adäquater für ihn war. Aber der Begriff »adäquat« existierte damals nicht, jede Arbeit war recht, jede trug zum Aufbau des Landes bei, und das war das Schöne daran. Damals, wie noch lange Zeit später, wurde jeder mit dem Vornamen angeredet, sogar die Lehrer und Lehrerinnen in den Schulen und während der Anfangszeiten alle Ränge unserer Armee. Natürlich gab es auch Mißerfolge und bittere Enttäuschungen, wenn etwa Menschen, die Land und Leute nicht kannten und unvorsichtig waren, im Laufe weniger Wochen alle mitgebrachten Mittel verloren. Als von Monat zu Monat mehr Menschen aus Mitteleuropa einströmten, für die Essen, Bekleidung, Behausung und Schulen nötig waren, gab es auch viel mehr Berufs- und Unternehmensmöglichkeiten. Viele Deutsche waren Pioniere in der Textil-, Bekleidungs-, Lebensmittel- und Baustoffindustrie sowie im Gastwirtsgewerbe. Und viele Forscher und Gelehrte fanden ihren Platz an der Hebräischen Universität in Jerusalem, am Technion in Haifa, an den neuen Krankenhäusern und an den gerade gegründeten Instituten in Rechowot.

Ich traf meines Vaters Arzt (einen Mann meines Alters) mit seiner inzwischen nachgekommenen Familie in einem Holzhäuschen, das mehr einer Hütte als einem Haus glich, eine gute halbe Stunde von Tel-Aviv entfernt, im landwirtschaftlichen Sektor der Küstenebene. Sie warteten auf die Fertigstellung einer größeren kooperativen Siedlung von Akademikern, an der sie sich beteiligt hatten. Inzwischen arbeiteten sie bei Bauern in der Nähe, um zu lernen. Die Siedlung entwikkelte sich dann sehr gut, und später entschloß sich der

Arzt auch, wieder in seinem eigenen Beruf zu arbeiten. Er wurde leitender Arzt an einem Siechenhaus und seine Frau versorgte weiter die Wirtschaft.

Die Frage der Araber, die Tatsache, daß die Zionisten mit dem Ziel eines autonomen Staates in einem Land siedelten, das von Arabern bevölkert war, machte mir nicht das geringste Kopfzerbrechen. Ebensowenig machte ich mir damals über das religiöse Problem Gedanken. Die meisten Menschen, mit denen ich während meines Aufenthalts zusammentraf, waren nicht fromm, und gerade dies, daß man in Palästina leben konnte, wie man wollte, war für mich, die Nichtreligiöse (und auch im Hinblick auf meine Mutter, die Antireligiöse) ein Anziehungspunkt. Dieser Eindruck war nicht richtig: Man konnte wohl dort leben, wie man wollte, aber die Stärke des jüdischen Bewußtseins und der Tradition in allen Schichten der jüdischen Bevölkerung in Palästina und in der Zerstreuung, aus der sich ja die Einwanderung nach Palästina zusammensetzte, hatte ich unterschätzt. Obwohl ich einen inneren Umbruch erlebt hatte und mich dem Judentum zugehörig fühlte, hatte ich damals noch keine Vorstellung davon, was diese Zugehörigkeit wirklich bedeutete oder bedeuten konnte. Der politische Zionismus, wie ich ihn aus Herzls Büchern herauslas, vereinfachte sowohl die arabische als auch die religiöse Frage. Vermutlich war das gut so, denn sonst wäre das kleine Häuflein der Zionisten in der Welt noch kleiner gewesen. In Wirklichkeit war natürlich alles miteinander verknüpft:

Zum Staatsvolk gehörte ein Land, eine Sprache und eine Religion.
Ich bin glücklich, daß ich das Land noch sah, als es klein und bescheiden und der Idealismus, der es trug, noch deutlich sichtbar war. Namentlich auch in der Beziehung der Menschen zueinander. Es war wie in einer großen Familie, jeder kannte jeden, sie schienen alle glücklich, wenn sie an ihren kleinen Tischen vor den Cafés in der Sonne saßen oder in den Vollmondnächten auf den Straßen tanzten. Es gab unter der jüdischen Bevölkerung (1934 ungefähr 287000) keine Verbrecher und keine Prostituierten, und es gab auch kaum alte Leute. Ich bereiste Palästina in den knapp zwei Monaten, die mein Aufenthalt währte, bis in die letzten Winkel hinein, teils allein, teils mit Elo. Nicht von Dan bis Beer Schewa, sondern vom Libanon bis nach Jericho, denn ich war auch in Baalbek und Damaskus. Mit den »Eltern vom Schiff« war ich in vielen Kibbuzim, wo ihre Kinder lebten. Ich sah so viele Kuhställe und Kinderhäuser wie noch nie in meinem Leben, da wir von Kibbuz zu Kibbuz im Emek bis hinunter nach Tiberias zogen. Ein Höhepunkt in landschaftlicher wie ideologischer Beziehung war natürlich Jerusalem. Auf dem Wege dorthin, dort wo die Straße steil aufwärts geht und eine goldene Madonna vor der Kirche in Abu Gosch weit in die heroische biblische Landschaft hinausblickt, gibt es eine Stelle, wo man rückblickend das in der Ferne blau verschwimmende Mittelmeer sieht und vor sich den letzten Aufstieg nach Jerusalem mit

uralten Olivenbäumen, die aus biblischer Zeit stammen sollen. Immer – auch heute noch – legen die Reisenden an dieser Stelle ihre Zeitungen nieder und blicken zurück und dann aufwärts, der heiligen Stadt entgegen. Damals, in der noch nicht geteilten Stadt, konnten wir Juden in die Grabeskirche, auf die Via Dolorosa, hinunter ins Kidrontal mit Abschaloms Grab und hinauf auf dem Ölberg und auf den Skopusberg mit dem im Bau befindlichen Krankenhaus der Hadassah und den Neubauten der Hebräischen Universität und Bibliothek. Das große Wunder Jerusalems aber war die Altstadt und in ihr die »Klagemauer«, der Tempelplatz und der »Schuk« (Basar). Ich hatte gerade den Schuk Istanbuls gesehen, und ich lernte von Palästina aus den Basar von Damaskus kennen; keiner von ihnen reicht auch nur im Entferntesten an die einmalige Schönheit des Jerusalemer Schuks heran. Das Wunderbare an ihm ist, daß er nicht nur eine orientalische Sehenswürdigkeit ist, sondern daß er mit seinen Gäßchen und Gewölben, seinen Häuschen und Höfen, seinen Filigranbalkönchen und Außentreppen, seiner Mauer komplett mit Toren und Türmen eine kleine mittelalterliche Stadt darstellt, wie man sie in dieser Vollendung kaum mehr irgendwo findet. Und in diesem Städtchen wohnen und leben und handeln und beten die Bewohner in derselben bunten ethnischen Zusammensetzung und nach mittelalterlichen Gilden getrennt, wie sie schon um 1500, als die Türken die jetzige Mauer bauten, gelebt, gehandelt und gebetet haben. Wer durchs Jaffator hindurch am Davidturm vorbei die Stufen hinabging, trat in eine Märchenwelt. Nicht nur die Sonnenwelt draußen erlosch, auch das Jahrhundert verschwand. Ich mußte mir Mühe geben, nicht gar zu sehr zu träumen, denn plötzlich war ein Eselskopf dicht über meiner Schulter und ein Eselstreiber mit einer Tierhaut voll Wasser drückte mich mit viel Geschrei an die Wand, weil er passieren wollte. Den schönen dunklen Frauen in ihren bunt bestickten Kleidern fiel es leichter auszuweichen, obgleich sie in stolzem freiem Gang alles auf dem Kopf tragen, ob es nun Gemüse in großen flachen Korbtellern war oder ein Messingkrug mit süßer gefärbter Limonade oder ein Ballen Stoff. Denn hier waren die Märkte, besondere Straßen für Stoffe, für Metallwaren, für Schmuck, für Gemüse und für Gewürze. Und hier waren die Wohn- und Betviertel aller Völker der heiligen Stadt, die christlichen Klöster und Kirchen griechisch-orthodoxer, römisch-katholischer, armenischer und noch vieler anderer Gemeinden, hier war das jüdische Viertel nach Ashkenazim und Sephardim getrennt, mit seinen uralten Synagogen und ganz an seinem Ende – schon im moslemischen Viertel – die Klagemauer, ein Überbleibsel der westlichen Wand des zweiten Tempels mit ihren riesenhaften herodianischen Steinen und daher der heiligste Schrein des Judentums. Ich war damals oft dort und immer war es voll von gläubigen Menschen, die dort Trost suchten und inbrünstig beteten. Und dann öffnete sich auf einmal ein altes Tor – helles grelles Tageslicht strömte in die engen lärmenden Gewölbe – und gab den Blick frei in die Weite, auf einen der schönsten und in seinen Maßen und Farben harmonischsten Plätze der Welt. Dies war der Berg Moria, der »Tempelplatz«, auf dem nacheinander der Tempel des Königs Salomon, der Tempel des Königs Herodes, ein römischer Tempel des Jupiter und schließlich zwei arabische Moscheen standen, diejenigen, die man heute sieht – die Omar-Moschee und die El Aksa-Moschee. Vorübergehend errichteten auch die Kreuzritter um 1100 an der gleichen Stelle eine Kirche. Die Omar-Moschee wird richtiger der Felsendom genannt, da sich eine mit feinstem Mosaik in byzantinischem Stil bedeckte Kuppel über einem Felsen erhebt, der den Juden (Opferung Isaaks) und den Mohammedanern (Himmelfahrt Mohammeds) heilig ist. Die zarten Farben und die wunderbare Anlage des Ganzen sind wie der Vordergrund einer Bühne, zu deren Hintergrund der weite Himmel und die heroische Landschaft Palästinas gehören. Ich hatte das Glück, in der Altstadt von zwei Freunden Elos geführt zu werden, beide hervorragende Kenner Jerusalems, die schon vor dem ersten Weltkrieg dort ansässig waren. Der eine war der berühmte Augenarzt Dr. Ticho, der Retter und Heiler des Augenlichts unzähliger Orientalen, die von Trachoma befallen waren, der andere der bekannte Journalist und Schriftsteller Ben-Gavriel, beide aus der Tschechoslowakei stammend. Frau Anna Ticho war eine hervorragende Malerin der verschwiegenen und verborgenen Schönheiten der Jerusalemer Altstadt. Da waren andere interessante Begegnungen mit solchen, bei denen der »Funke« schon lange vor dem ersten Weltkrieg gezündet hatte: Der Arzt, Bibelforscher und Archäologe Elias Auerbach in Haifa, Frau Baerwald, die Witwe des Erbauers des Technikums und anderer Bauten in Haifa, und Dr. Arthur Ruppin, Nationalökonom, Soziologe und Leiter der ersten Palästina-Siedlungsgesellschaft. Konzerte des großen Pianisten Arthur Schnabel vor meiner Ankunft waren noch in aller Munde. Ich hörte einen Mozart-Abend unter Michael Taube von einem Kammerorchester, das er sich zusammengestellt hatte. Als »Eine kleine Nachtmusik« ertönte, liefen mir die Tränen herunter vor Erregung, daß ich im jüdischen Land, in der Freiheit und unter freien Menschen etwas so Schönes hören konnte. Einmal sah ich im selben Saal (es war der einzige seiner Art in Tel-Aviv) eine Vorstellung der hebräischen »Habima«-Truppe von »Amcha« (dein Volk) des polnischen Dichters Perez. Kurz vor Beginn kam Professor Weizmann mit dem Nobelpreisträger Professor Willstätter in den Saal. Spontan stand alles auf und brachte ihm eine stürmische Ovation. Das war schön – diese ursprüngliche Ehrung für einen ungekrönten König. Weizmann war damals für kurze Zeit nicht Präsident der Zionistischen Organisation, sondern widmete sich dem Aufbau der Institute in Rechowot. Erik Mendelsohn, der in einer alten Windmühle in Jerusalem wohnte, baute damals Chaim Weizmanns Privathaus, die Forschungsinstitute in Rechowot und das Hadassah-Krankenhaus auf dem Skopus-Berg. Als wir bei einem Besuch von Safed eines Morgens in den Hotelgarten des Hotels Herzliah trafen, rief Elo: »Da sitzt ja Robert Weltsch.« Und wirklich, da saß er, der mich mit seiner »Jüdischen Rundschau« erweckt hatte und dem ich so viel verdankte. Er saß unter dem uralten Riesenbaum des Hotels und schrieb Ansichtskarten. Und Robert Weltsch war eigentlich genau so, wie ich ihn mir vorgestellt hatte: er kam aus Prag, von wo bedeutende Zionisten wie Professor Hugo Bergmann, Max Brod und viele andere hervorgingen, und das gab ihm bei aller Bedeutung eine gewisse liebenswürdige Weichheit und Schwermut. Er machte einen sehr bescheidenen Eindruck, ich glaube, er wußte selber niemals genau, wie nachhaltig er seine Leser beeinflußte, wenn er – immer am richtigen Ort, zur richtigen Zeit – das richtige Wort sagte. Mit seiner »Jüdischen Rundschau« hing noch eine für mich persönliche und wichtige Angelegenheit zusammen, die mir eine gewisse Berufs- und Zukunfts-Chance versprach: Kurz vor meiner Abreise nach Palästina hatte ich einen Artikel des damaligen Leiters des Palestine Egypt Lloyd in Jerusalem gelesen, der von den Möglichkeiten der Touristik und Fremdenwerbung für Palästina sprach. Ohne das Land noch gesehen zu haben, hatte ich sofort beim Lesen das Gefühl, daß die Touristik etwas wäre, worin ich gerne mitarbeiten würde. Es war auch ein Gebiet, das Soziologen brauchte. Ich suchte den Herrn, der den Artikel geschrieben hatte, in Jerusalem auf und fand einen

Mann voll Phantasie und Visionen. Wir sprachen dort oben im ersten Stock seines kleinen Büros (alles war eng und primitiv und niemand hatte Geld) über Dinge, die sich erst heute nach über vierzig Jahren verwirklicht haben. Er fragte mich zuerst, ob ich das natürliche Amphitheater oben an der hebräischen Universität auf dem Skopusberg gesehen hätte. Ich hatte es gesehen. Es öffnete sich nach Osten zu einem großartigen Blick auf die Berge des Toten Meeres und Jordaniens – es war die Stelle, an der Lord Balfour im Jahre 1925 den Grundstein zur Hebräischen Universität gelegt hatte. Es sei prädestiniert für biblische Tänze, biblische Dramen und Oratorien, sagte Walter Turnowsky. Und dann fragte er mich: »Sie gehen nach Deutschland zurück?« Ich bejahte. »Und kommen wieder hierher?« »Sobald ich kann«, sagte ich. »Ich gebe Ihnen einen Auftrag,« sagte er dann, »ich meine es ernst, und ich ersetze Ihnen alle Kosten, die Ihnen daraus erwachsen. In diesem Sommer wird in Oberammergau gespielt. Bitte sehen Sie sich das an und vor allem, ziehen Sie alle Erkundigungen über die Propaganda und die Organisation ein: wie werden die Massen in den primitiven Gebirgsorten untergebracht, wie kann man aus Bauern Schauspieler machen, wie und von wo aus erfolgt der An- und Abtransport? Wenn Sie wiederkommen, bringen Sie mir bitte einen genauen Bericht über all das mit.« Dies war ein Auftrag, der sehr nach meinem Herzen war, und ich führte ihn im Sommer aus.

Die Rückreise auf einem großen italienischen Schiff

war ebenso fahl und lustlos wie die Hinreise leuchtend und beschwingt gewesen war. (Elo war schon zwei Wochen früher zurückgefahren). Selbst die Schönheit Siziliens – das Schiff hielt in Palermo – hatte keinen Reiz für mich, und je mehr wir nordwärts fuhren, desto mehr schienen mir alle Farben blaß, der Mond stand nicht mehr türkisch am Himmel (mit dem nach oben geöffneten Halbrund), und die Sterne hatten ihre Strahlkraft verloren. Ich fuhr über Paris zurück, um Dr. Elias, Mannheims Assistenten, zu sehen, aber ich blieb nur kurz, ich war nervös: wie würde alles gehen? Wie kam ich los, mit einer Mutter und einem kleinen Kind, mit einem Haus und einem nur kleinen Vermögen? Wie lange konnte ich noch mit der Pension rechnen, wie lange konnte ich überhaupt mit meiner Pension in Palästina rechnen? Die Emigranten-Atmosphäre in Paris war deprimierend. Viel schlimmer als die Assimilanten-Atmosphäre, die ich in England erlebt hatte. Dr. Elias tat mir leid, er lebte von einer kleinen Rente, die ihm seine alten Eltern aus Breslau sandten, aber wie lange konnte das noch so weitergehen? Er hoffte auf neue wissenschaftliche Arbeit, wenn Professor Mannheim ihn in England brauchen würde.

Ich kam nach Hause, braun gebrannt, mit langen Ohrringen, die ich im Schuk von Jerusalem gekauft hatte, und mit etwas Rouge auf den Lippen. »Du siehst ja schon ganz asiatisch aus«, sagten alle Bekannten, und sie gaben mich als unheilbar Besessene auf. Nachdem ich meiner geliebten und vernünftigen Mutter alles erzählt hatte und erklärte: »*Wir gehen,* und zwar so schnell wie möglich«, war sie einverstanden, obwohl sie sich keineswegs wie ich innerlich von der alten Heimat gelöst hatte. Daß sie sich etwa von uns trennen und allein zurückbleiben würde – kam überhaupt nicht in Frage!

Und dann ging alles viel schneller, als ich gedacht hatte. Das Haus ließ sich zwar nicht verkaufen, aber vermieten, und zwar schon am 1. August. Ebenso half uns ein sehr tüchtiger und gewissenhafter Anwalt bei einem raschen Geldtransfer und der Zertifikatserteilung für die Einwanderung meiner Mutter und meines Kindes; ich selbst ging wegen meiner Pension vorerst nur als Touristin mit. Im Frühsommer 1934 ging alles noch relativ leicht, der große Strom der Auswanderung und Einwanderung hatte noch nicht eingesetzt.

Mir stand noch eine schwere Unterhaltung bevor – mit meinem Sohn, als ich ihn zu Beginn der Sommerferien aus der Schule holte. Ich kam von Oberammergau, das nicht sehr weit von seiner Schule lag. Obgleich ich alle Dinge in Deutschland damals wie durch einen Nebel sah und mich im Grunde nichts mehr dort wirklich interessierte, hatte ich mir Mühe gegeben, dem Spiel, das einen deutlich antisemitischen Charakter trug, von Sonnenaufgang bis Sonnenuntergang zu folgen. Die Halle faßte ungefähr sechstausend Menschen; es gab über sechzig Aufführungen während eines Sommers.

Meine Verbindung zu Thomas Cook and Son, die mir zu später Stunde noch Unterkunft und Karte besorgten, erwies sich auch sonst sehr günstig, da fast die gesamte internationale Organisation in ihren Händen lag und ich durch sie alles Wissenswerte sah und erfuhr. Schon vor vierzig Jahren hatte Cook das komplette vorausbezahlte Sightseeing-System eingeführt, das auf Wunsch auch Bayreuth und Salzburg umfaßte; die großen Autobusse rollten durch Amerika auf die Luxusdampfer und in Bremen oder Hamburg wieder ans Land. Da ein Viertel der Einnahmen für Unterbringung reserviert war, die übrigen dreiviertel in gleichen Teilen an die Schauspieler, die künstlerische Vorbereitung und die Kirche gingen, war für genügende Unterbringung in Hotels und privat gesorgt.

Walter Turnowsky in Palästina erhielt seinen Bericht, und nicht lange vor seinem Tode sagte er mir, daß er noch bei ihm in der Schublade liege und er diesen Plan keineswegs aufgegeben habe.

Zwischen Starnberg und München stoppte ich das Auto und eröffnete Klaus, daß er nicht wieder in die Schule zurückgehen würde, und daß unsere Auswanderung nach Palästina bevorstünde, sobald wir die nötigen Papiere in der Hand hätten. Ich erzählte ihm von meiner Reise und dem jüdischen Palästina und gab ihm einen kurzen Überblick über unsere Geschichte sowie die Erneuerungsbewegung des Zionismus. Ich sagte ihm, daß wir nun das sein wollten, was wir wirklich seien, nämlich Juden in jüdischem Land, daß er dort hebräisch lernen und eine hebräische Schule besuchen müsse. Er nahm es ohne Schwierigkeiten auf und verstand alles recht gut. Ich glaube, er war vor allem froh, daß er nicht in die Schule zurückzukehren brauchte, in der er nicht glücklich war; außerdem lockte ihn die Aussicht auf die Seereise und das große Schiff.

Kurt wußte schon lange, daß er mich verloren hatte, nicht nur an Palästina, sondern auch sonst. Aber wir waren gute Freunde geblieben, und der Abschied war schmerzlich, als wir uns irgendwo im Stadtwald trennten und ich allein mit meinem hochbepackten und hochbeinigen Auswanderer-Auto (ich hatte den kleinen Opel in einen Ford-Wüsten-Wagen umgetauscht) in die Pfalz weiterfuhr, um meine Mutter und Klaus dort bei meinen Verwandten zu treffen. Zum letzten Mal sah ich den Dom meiner Kindheit über dem grau-grünfließenden Strom, als wir unterhalb Speyers auf der Fähre in unserem Auto zum rechten Rheinufer hinübersetzten. In Zürich besuchte ich meinen Frankfurter Frauenarzt, einen Schweizer, der heimgekehrt war.

Wir fuhren über den Gotthard-Paß, standen an der Teufelsbrücke und dann ging's hinunter, an der italienischen und französischen Riviera entlang.

Und dann kam die getreue Ise zu uns und gab uns das letzte Geleit bis nach Marseille. Auch sie fand, ich hätte die Zelte nicht so schnell abbrechen und ruhig noch etwas abwarten sollen. Sie hatte ein schlechtes Gewissen bei der Sache – als Deutsche. Übrigens war sie nun in einer ihr gemäßen Stellung als Generalsekretärin des größten bayerischen Frauenverbandes; sie tat nützliche Arbeit und verdiente gut. Wieder genoß ich die Fahrt durch die schöne Gegend nicht. Die Grande Corniche war im Nebel. Ich war nervös. Schließlich standen wir auf dem Schiff in unserer Luxus-Kabine. Ise weinte und winkte, wir weinten und winkten, sie wurde kleiner und kleiner in ihrem grauen Kostüm und endlich nur noch ein kleiner, grauer, verschwimmender Punkt, die Madonna von Notre Dame grüßte noch in nebelhafter Ferne – Europa lag hinter uns.

FÜR DAS PALÄSTINA-WERK IN DEUTSCHLAND 1935

Ende Januar 1935, ehe meine ersten sechs Monate in Palästina abgelaufen waren, fuhr ich nach Frankfurt zurück. Ich hatte den Auftrag, mich um die Organisation einer Palästina-Reise der Bne-Brith-Logen und um ein Arrangement für kleine private Gruppenreisen zu bemühen. Das letztere gelang mir in meinem Bekanntenkreis für die Pessachzeit; ich sah, daß ich mit meiner eigenen Begeisterung Menschen anstecken und sie zu einer Besichtigungsreise gewinnen konnte, gerade weil ich bisher dem Zionismus ferngestanden und selbst einen inneren Umbruch erlebt hatte. Über die Bne-Brith-Reise verhandelte ich mit Rabbiner Dr. Leo Baeck in Berlin, der den Herbst vorschlug; er wolle in Deutschland, ich in Palästina vorbereiten, so daß bei meinem nächsten Besuch im Juni der genaue Plan festgelegt werden könne. Ich fand, äußerlich betrachtet, keine besondere Änderung in Deutschland, auch Dr. Baeck zeigte keinen Pessimismus. Außer meinem jüngsten Vetter, der mit seiner Familie in Amerika geblieben war und sich dort tapfer als Musikwissenschaftler durchschlug, lebten alle Mitglieder meiner Familie noch so ziemlich in der alten Weise weiter.

Ich blieb nur drei Wochen, die mit allerhand persönlichen finanziellen Transaktionen ausgefüllt waren, denn ich mußte ja für die Verwendung der vergangenen und zukünftigen Pensions- und Mieteingänge sorgen. Die Aussichten für einen Hausverkauf waren schlecht, jeder wollte verkaufen. Ich mußte unbedingt sehen, von der Pension loszukommen und auf eigenen Füßen zu stehen. Aber wie? Ich hatte von einzelnen Fällen gehört, in denen Firmen und Industriewerke ihren pensionsberechtigten jüdischen Direktoren und Angestellten Abfindungen gezahlt hatten. Ob ich etwas Derartiges mit dem Kultusministerium versuchen könnte? Ich schrieb an die Universität und erhielt zu meinem Erstaunen die Antwort, daß sie meine Anfrage unterstützen würde und ich bei meiner Rückkehr deswegen bei ihr vorsprechen solle.

Vorerst arbeitete ich mit dem P.E.L. an meiner Gruppenreise, und wir schickten Prospekte an interessierte Kreise aus. Es waren Reisen für reiche Leute, mit einem Luxus-Schiff hin und zurück, Rundfahrten in Palästina in Siebensitzer-Privattaxis mit guten Führern, Übernachtungen in den besten damals vorhandenen Hotels, und eine Woche Syrien und Libanon mit den Zedern, Beirut, Balbek und Damaskus, ebenfalls in Privattaxis. Nur solche Reisen hatten damals einen Sinn, um Interesse und finanzielle Unterstützung für das Palästina-Werk zu wecken. Die weniger Bemittelten kamen schon ganz von allein auf die billigste Weise, und sie brauchten keine Rundreisen, und die Jugend kam in organisierten Gruppen mit Hilfe der Jewish Agency. Die anderen kamen – leider – nicht. Die Teilnehmer der beiden Reisen, die ich arrangierte, waren fast ausschließlich schon aus Deutschland Ausgewanderte oder Ausländer. Sie kamen in Haifa an Land und erwarteten in Palästina ungefähr den gleichen Luxus, den sie in der ersten Klasse der Aquitania genossen hatten. Ich war entsetzt, wie wenig selbst gebildete und mit dem Judentum und dem Zionismus verbundene Menschen von Palästina wußten, und wie wenig Ahnung Reiche und Verwöhnte vom Aufbauwerk des kleinen armen Landes hatten. Sie sahen Palästina genau so wie jedes andere Land, dessen Besichtigung sie mit Geld erkaufen konnten, und nicht mit liebenden oder visionären Augen. Eine nicht gelungene Mahlzeit, ein Spiegel, der schief hing, eine Dusche, die nicht gut funktionierte, blieben im Gedächtnis haften, nicht aber die vielen anderen erstaunlichen und erhebenden Dinge, die ihnen gezeigt wurden. Ich fragte mich auch, wo eigentlich die Propaganda und Aufklärung der Jewish Agency und der nationalen Fonds blieben, deren Abgesandte dauernd zu diesem Zweck in der ganzen Welt unterwegs waren. Ich entschloß mich, Michael (Klaus hatte den Namen seines Urgroßvaters angenommen) nach Pessach in ein Internat zu schicken. Es war eine größere Schule *in* einem Kibbuz, gleichzeitig aber auch eine Schule *für* mehrere Kibbuzim der gleichen Bewegung zusammen, das einzige Internat von Format in der Haifaer Umgebung. Die Bewegung war eine international-zionistisch-links gerichtete, der »Schomer Hazair« (der junge Wächter). Das rein Politische fiel damals, da wir ja noch längst kein Staat waren, nicht so sehr ins Gewicht, aber es gab andere Dinge prinzipieller Art in der Erziehung, die nicht nach meinem Geschmack waren, so schliefen Knaben und Mädchen zusammen in einem Zimmer, die Duschen waren auch gemeinsam, man übte sich in Freundschaft mit dem benachbarten Araberdorf, dessen Kinder auch die Schule besuchten. Es gab keine offiziellen Abschlußprüfungen, die dem Grundschul-Zertifikat oder dem Abitur glichen, denn diese Kibbuzim hatten gar kein Interesse daran, daß ihre Schüler z. B. zur Universität gingen, sie wollten ihre Kinder den Kibbuzim erhalten. Die Lehrmethode ging nicht nach Fächern, sondern nach Themen vor, die während eines Semesters von allen Seiten beleuchtet wurden – eine Methode, die nicht bei allen Kindern zum Erfolg führte, da sie große geistige Disziplin erforderte. Aber ich hatte keine andere Wahl. Ich machte mir bei einem achtjährigen Kinde vorerst keine allzu großen Gedanken über diese Dinge, besonders da ich wußte, daß die Lehrkräfte ernsthaft bemühte Menschen waren, und auch die Kinder, die in diese Schule gingen, waren aus sehr guten und keineswegs alle dem »Schomer Hazair« angehörenden Elternhäusern. Die Arbeit der Kibbuzim des »Schomer Hazair« war – und ist auch heute – eine sehr bedeutende im Lande, nicht nur bedeutend im Hinblick auf die Menschen, die der Bewegung angehören und die die politischen Führer der

»Mapam«, einer der jetzigen Koalitionsparteien der Regierung stellen, sondern in bezug auf ihre vielfachen und erfolgreichen Unternehmungen bei uns und in der Landwirtschaft und in der Industrie. Ihre Produkte, u.a. Melonen, Fruchtsäfte, Fischkonserven, Möbel, Plastik-Erzeugnisse und viele andere, sind heute auch auf dem internationalen Markt bekannt. Die besondere Disziplin und Hingebung, die aus ihrer politischen Gesinnung resultiert, befähigt sie offenbar zu stärkerer Initiative als die anderen weniger politisch eingestellten Kibbuzim.

Die Frösche quakten, das Araberdorf lag dunkel auf seinem Hügel, es war sehr einsam, mich fröstelte trotz des glühend heißen Chamsinwindes, der über die Carmelhänge strich, als ich Michael an jenem Mai-Abend verließ. Aber nach einigen Wochen sprach und dachte er fließend hebräisch und kam mir mit anderen Kindern vergnügt entgegen, als ich ihn besuchte.

Im Juni fand ich ein anderes Deutschland als vor einem halben Jahr – Furcht hatte sich aller bemächtigt. Auch ich fühlte Furcht, wenn auch nicht unmittelbar, sondern als ein latentes Grauen, das überall lauerte. Die Universität wies mich wegen meines Abfindungsantrags an den zuständigen Ministerialdirektor im Kultusministerium, und ich reiste nach Berlin. Zu allererst erfuhr ich dort, daß eine Verordnung bevorstand, die die Zuteilung von deutschen Geldern für Gruppenreisen ins Ausland verbieten werde. Damit wurde die Bne-Brith-Logen-Reise unmöglich gemacht. Dr. Baeck war nicht mehr so zuversichtlich und energisch wie vor einem halben Jahr.

Mein Schwager Martin war aus dem auswärtigen Amt endgültig entlassen, man gab ihm einige mehr oder minder diplomatische Aufträge für das Ausland, aber es war zweifelhaft, ob es ihm gelingen würde, mit diesen das pensionsfähige Alter zu erreichen. Er stand in trauriger Weise zwischen zwei Welten, die er beide nicht verstand. Wie konnte man ihn, einen so tüchtigen und hingebungsvollen deutschen Beamten, der zudem ein guter Christ und ein Kampfflieger mit allen Ehrenzeichen war, ohne Pension entlassen? Es war schrecklich, diesen Zwiespalt mit anzusehen – ich mußte an Bertholds innere Kämpfe denken, damals, als der Kaiser geflohen und die Republik ausgerufen war.

Mein Onkel und meine Tante aus der Pfalz waren im Aufbruch, ich besuchte sie nicht, um ihnen Unannehmlichkeiten zu ersparen, denn in dem kleinen Ort hatten sie von Mitbürgern und Familie schon genug zu leiden. Mein Onkel, Offizier mit dem E.K.I und von der großen Industriefirma entlassen, baute ein kleines Siedlungshaus in einem Berliner Vorort; in der großen Stadt – so dachten sie – werden wir leichter untertauchen können, in der großen Stadt wird auch für uns alle leichter Arbeit zu finden sein.

Ich wohnte bei meinen Verwandten, der Schwester meines Mannes. Mein Schwager war ein bekannter orthopädischer Chirurg und zugleich der Erbe einer ebenso bekannten Zigaretten-Fabrik. Als Oberstabsarzt vom ersten Weltkrieg konnte ihm »doch nichts passieren«, die Kinder waren getauft, in der schönen Grunewald-Villa ging alles so weiter wie bisher, der Zuschnitt der Lebensführung war geblieben, eingeschlossen »die« Fräulein, die die Kinder erzogen hatte. Meine Breslauer Freundin kam für zwei Tage, mich zu besuchen. Sie lebten auch noch wie bisher. Ihre Kinder fielen als getaufte Offizierskinder unter das eine Prozent und besuchten weiter das Gymnasium. »Sie wissen, daß Palästina bei uns nicht diskutiert wird?« Ich wußte, und da wir uns sehr gern hatten, bewegten wir uns in unseren Gesprächen erfolgreich im luftleeren Raum.

Meine Freundin Lotte kam aus Düsseldorf herüber zum Kölner Hauptbahnhof, als ich durchreiste. Ich fühlte aus ihrer Einladung, sie zu besuchen, heraus, daß es ihr wegen ihres Mannes (er war Landrat) und der Kinder lieber wäre, wenn ich nicht zu ihr käme. Sie, die Aufrechte und Tapfere, schien allen Lebensmut verloren zu haben. Es ging ja nicht um sie selbst – sie war in ihren Kindern getroffen. Da saßen wir im nüchternen Bahnhofs-Wartesaal zweiter Klasse und unterhielten uns über so unmögliche Dinge wie arische Großmütter, Halb- und Vierteljuden und ob ihre Kinder, die Achteljuden waren, der Hitler-Jugend und dem BDM beitreten sollten. Es war uns beiden zum Weinen zumute. Ich beendigte, so schnell ich konnte, meine geschäftlichen Angelegenheiten, die immer groteskere Formen annahmen.

Zum Beginn von Michaels Sommerferien war ich wieder in Palästina. Meine Mutter kehrte anschließend für mehrere Monate nach Deutschland zurück, um dem ersten heißen Sommer in Palästina zu entgehen, und auch aus finanziellen Gründen, da ich Pensionsgelder für ihren Verbrauch dort zurückgelassen hatte. Es war Mutters letzter Aufenthalt in der alten Heimat, und sie sah dort zum letzten Mal ihre Familie und Freunde. Sie ging nicht gerne, und die Angstgefühle der anderen teilten sich ihr mit. Sie erzählte später, daß ihr eines Tages ein Trupp SS-Männer entgegengekommen sei, der im Sturmschritt durch die Straße lief. Es ergriff sie solche Furcht, daß sie schnell in eine Nebenstraße flüchtete. Sie bekam auch Merkwürdiges von ihrer Familie zu hören: Vor eineinhalb Jahren, als wir mit der Auswanderung begannen, hieß es: »Warum wollt ihr davonlaufen? Warum werft ihr so schnell die Flinte ins Korn?« Sogar ein sehr Prominenter, für den es gewagt war, dies zu sagen (ein Nichtjude und typischer Deutschnationaler vom alten Schlage), meinte: »Warum gehen Sie so schnell? Dieser Anstreichergeselle bleibt ja nicht. Ist es den Juden nicht gut in Deutschland unter dem Kaiser gegangen? Gehen Sie nicht, Sie werden es bereuen.« Jetzt machte man meiner Mutter den Vorwurf: »Ihr seid ja davongelaufen, ihr habt euch in Sicherheit gebracht, ihr wißt gar nicht, was wir hier durchmachen, ihr könnt nicht mitreden, ihr Ausgewanderten – ihr habt das gute Leben gewählt.«

Meine Mutter kam wieder, und ich fuhr nach Deutschland, entschlossen, daß dies das letzte Mal sein und diese Reise mit meiner Auswanderung endigen würde. Mein Anwalt richtete in meinem Namen einen Antrag an das Kultusministerium, demzufolge ich beabsichtige, zum 31. Dezember 1935 auszuwandern. Um einen Teil des Lebensunterhalts für mich und mein Kind zu sichern, wollte ich ein Holzhaus und ein Lastauto aus Deutschland nach Palästina transferieren, um mich mit beidem an einem Siedlungsvorhaben zu beteiligen. Zu diesem Zweck benötigte ich eine Kapital-Abfindung von 20 000 RM (was ungefähr einer Pensionsvorauszahlung für vier Jahre entsprach), und ich hätte in diesem Falle auf alle weiteren Versorgungsbezüge für mich und mein Kind verzichtet. Der Dezernent im Ministerium bestellte mich telegraphisch nach Berlin, und ich hatte nach dem Gespräch mit ihm den Eindruck, daß die Sache günstig stünde. Er wurde während der Besprechung einmal hinausgerufen, und während dieser Zeit gingen zwei Herren zweimal an der geöffneten Tür meines Zimmers vorbei und sahen herein. Instinktiv hatte ich das Gefühl, daß der Herr Ministerialdirektor nach seiner Rückkehr ins Zimmer zurückhaltender war. Mein Anwalt würde einen schriftlichen Bescheid erhalten, und da die Weihnachtsferien bald in Sicht waren, wußte ich, daß ich mit einer langen Angelegenheit zu rechnen hatte. Ich bereitete aber sowohl meine Auswanderung als auch den eventuellen Ankauf eines geeigneten Holzhauses und eines kleinen Lastautos mit Zubehör vor, um so mehr, als ich kurz vor meiner Abreise von einem neuen Siedlungsvorhaben für ausgewanderte deutsche Juden in und um Nathanya gehört und ein bestimmtes Grundstück für landwirtschaftliche Zwecke besichtigt hatte. Soweit meine Mittel es mir erlaubten, kaufte ich einige Installationen für ein Holzhaus, die man aber auch anderweitig verwenden konnte. Durch den Transport dieser Dinge wurde ich daran gehindert, einen Teil meiner bei Bekannten im Sommer 1934 untergestellten Möbel als Auswanderungsgut mitzunehmen, da ein zweiter Container zu teuer geworden wäre.

In Frankfurt feierten wir den 60. Geburtstag meiner Tante, einige aus ihrer großen (früher Straßburger) Familie, die nun zum zweiten Mal emigrierten, waren da, mein ältester Vetter, der mir in Speyer am nächsten gestanden hatte, war mit seiner jungen schönen Frau gekommen. Sie sang mit ihrer prachtvollen Stimme mehrere Arien. Sie war eine Katholikin und soeben von der hessischen Oper in Darmstadt entlassen worden.

Es war das letzte Mal, daß wir im stilvollen Salon, wo neben den Ahnenbildern das von Zumbusch gemalte Portrait meiner Tante heruntersah, festlich zusammensaßen. Gerade den Zeiten zum Trotz waren wir alle in eleganten Toiletten erschienen. Zu diesem Zweck hatte ich mir in unserem alten Modeatelier ein hübsches Kleid bestellt. Mein Auftreten dort war geradezu dramatisch. Der jüdische Besitzer war ausgewandert, ebenso der ungarisch-jüdische Zuschneider. Aber entgegen kam mir die hochgewachsene Verkäuferin mit dem adligen Namen, die mir meine Backfisch-Garderobe, mein Brautkleid, meine Trauerkleidung und so vieles andere mit Geschmack und feinstem Fingerspitzengefühl hatte arbeiten lassen. Sie hatte als Mannequin dort angefangen, und ich wußte, daß sie einen jüdischen Freund hatte. Als sie mich durch einen der großen Atelierspiegel zur Tür hereinkommen sah, fiel alle Reserve von ihr ab. Daß ich zurückgekommen sei, daß ich zu *ihr* gekommen sei, sie weinte bitterlich.

Man hatte mir mitteilen lassen, daß ein italienisches Schiff, die »Esperia« am 26. Dezember mit einer großen Gruppe amerikanischer und südafrikanischer Juden, die eine Konferenz in Palästina besuchten, von Genua abfuhr. »Esperia« heißt Hoffnung, und ich dachte, daß dies ein guter Name für das Schiff sei, das mich nun zum vierten Male – diesmal endgültig als Auswanderer – nach Palästina trug.

ANHANG

FAMILIENCHRONIK AUS MEINER MÜTTERLICHEN FAMILIE

Die Schreiberin dieser Chronik, meine Tante Clara Geißmar geb. Regensburger, wurde 1844 geboren und starb 1911. Ihre Aufzeichnungen über ihre Kindheits- und Jugendjahre 1844–1859 in Eppingen, 1859–1861 in Karlsruhe und ihre ersten Ehejahre in Konstanz (1862–1867) ließ ihre Tochter »Für Kinder und Enkel« im Jahre 1913 drucken. Dr. Geißmar, ein Bezirks-Rabbiner-Sohn, war Hofgerichtsadvokat in Konstanz. Er und seine Frau waren damals die einzigen Juden dort. Ich zitiere aus diesen Erinnerungen im wesentlichen die religiösen Kindheitserlebnisse.

»Wer meine älteren Vorfahren waren und wie sie hießen, davon weiß ich kaum etwas. So etwa um 1660 soll sich, wie man mir sagte, mein Urahn in Eppingen niedergelassen haben. Er soll ganz besonders wohlhabend gewesen sein und einen so großen Viehbestand besessen haben, daß ihm jeden Tag ein Junges geboren wurde. Er hieß Levi, und da die Juden seiner Zeit noch keinen Zunamen hatten, nannte man ihn Levi Eppingen. Ich weiß sonst nichts von ihm, als daß er seinen großen Viehbestand in den Dörfern der Umgebung untergebracht haben soll, daß sämtliche Eppinger Juden (meiner Zeit) von ihm abstammen, ausgenommen zwei Familien, die wegen bettelhaftem Herumstreichen ins Eppinger Gefängnis kamen. Nachdem sie längere Zeit gesessen und scheints keine Heimat angeben konnten, nach der man sie hätte abschieben können, erbarmten sich die Eppinger Juden dieser Glaubensgenossen und willigten ein, sie zur Gemeinde zu zählen.

Weiteres aus meiner Familie ist aus den Wimpeln in der Synagoge zu ersehen. Diese Wimpel sind so eine Art standesamtlicher Urkunden. Sobald ein männliches Kind ein Jahr alt geworden ist, wird es in die Synagoge getragen und trägt eine Leinwandrolle in seinem Ärmchen, worauf Name, Geburtstag, Name der Eltern in großen farbigen hebräischen Buchstaben eingemalt sind.

Mein Vater hat sich früh vom Geschäft zurückgezogen. Als ich zur Welt kam, war er anfangs Sechzig. Ich kann mir ihn nicht anders als rauchend vorstellen. Schon Morgens während des Waschens und Anziehens hatte er die Pfeiffe im Mund. Sein Morgengebet verrichtete er täglich in der Synagoge, wo Morgens 6 Uhr Gottesdienst war. War er einmal verhindert und betete das dem Gläubigen vorgeschriebene Gebet zu Hause, so wickelte er dabei Lederriemen um den Arm, was man ›Tefillim legen‹ nannte. Unter dem Hemd trug er eine Art Brustlatz aus weißem Musselin mit Quätschen, welche Zizes hießen und welche beim Gebet mehrmals geküßt wurden. Der Sinn dieser sonderbaren Überliefeferung stammt aus den 5 Büchern Mose. Mose ordnete an, daß das Volk, damit es nicht dem einigen einzigen Gott abtrünnig werde und den fremden Göttern nachlaufe, sich Merkzeichen an ihrer Kleidung machen solle, die sie an den Ewigen erinnern sollen. Die Gebetriemen, ›Tefillim‹, haben den gleichen Ursprung ... Der Sinn, welcher den Verordnungen zu Grunde lag, ist häufig vergessen, durch die Zeit überholt. Aber diese Verordnungen, das ›was man darf und nicht darf‹, bilden das Gemäuer, welches das Judentum in seiner orientalischen Eigenart erhält. Ich habe unsere Morgengebete übersetzen gelernt in der jüdischen Volksschule und nichts kennengelernt, was die schönsten Stellen – es gibt auch genug Überflüssiges und Überlebtes – übertrifft. Das ›Vater unser‹ ist ein kleiner Auszug aus dem jüdischen Morgengebet und der Segen, mit welchem der protestantische Geistliche seine Gemeinde entläßt ›der Herr segne Euch und behüte Euch‹, das sind die jüdischen Gebetsworte, welche Moses als direkt von Gott aufgetragene Segensworte seinem Volk übermittelte.

›In Deine Hand befehl ich meinen Geist‹ so schließt mit hebräischen Worten der Jude sein Nachtgebet, vielmehr das im Bett gesprochene Gebet. Außer dem Morgengebet sind noch Nachmittags um 5 Uhr das sogenannte Minchagebet und Abends das Abendgebet vorgeschrieben. Nach Tisch auch ein Gebet. Alles etwas lang, was verschuldet, daß die vorgeschriebenen Gebete so schnell als möglich abgebetet werden und die

Zusammenstellung der guten und beruhigenden Aussprüche, wozu die Psalmen ihr Schönstes beitragen, kaum empfunden wird. Bei den drei Hauptgebeten wird ein gewisser Passus ›Schemone Esre‹ genannt, nach Osten stehend (d.h. gegen Jerusalem) gebetet. Sein Hauptinhalt neben Anderem ist die flehentliche Bitte um Rückführung nach Jerusalem, wo dann die vorgeschriebenen Opfer im neuen Tempel dem seinem Volke nicht mehr zürnenden Gott dargebracht werden sollen ...

Der Sabath wurde in meinem Elternhause sehr streng gehalten. Das jüdische Dienstmädchen durfte kein Licht anzünden, kein Feuer anmachen. Zu meiner Zeit wurde der Frühstückskaffee am Samstag frisch bereitet, aber das war eine Neuerung, die eigentlich bei einem richtigen ›Schabbeshalten‹ nicht erlaubt war und lange Zeit hat es am Samstag aufgewärmten Kaffee gegeben, der am Freitag gekocht wurde, für den Samstag Morgen und den Samstag Nachmittag. Um dem jüdischen Dienstmädchen die Sünde zu ersparen, Feuer und Licht anzuzünden, ... kam die sogenannte Schabbesmagd, die alte Naglern ...

Wenn ich an die Freitagabende in meinem Elternhause denke, wird mir noch heute wohl und warm ums Herz. Die Vorbereitungen dazu waren so sorglich, wie man sie heutzutag trifft, wenn man Abendgesellschaft bei sich sieht. Die frischgeputzten Räume, die behagliche Wärme im Winter, die siebenarmige Messinglampe mit ihren sieben Flämmlein, deren Dochte aus

Baumwollwatte am Morgen gedreht wurden. Die selbstgebackenen Kartoffelbrote, Berches genannt, die Grünkernsuppe, der Ganspfeffer im Winter und der Fisch im Sommer, letzterer nach einer Weise bereitet, wie sie schon üblich gewesen sein soll, als die Juden in babylonischer Gefangenschaft waren. Dann ein süßes Gericht, auch speziell jüdischer Art. Für den Samstag Mittag wurden schon am Freitag zwei geschlossene eiserne Häfen zum Bäcker gebracht. Der eine enthielt die ›gesetzte Suppe‹, das war gewöhnlich eine Mischung von Gerste, Erbsen, einem Stück Rindfleisch, einem Stück gepökeltem und geräuchertem Brustkern, welches in dem Bäckerofen zu einem gar schmackhaften Gerichte zusammenbrodelte, welches Suppe und Fleisch in einem Gang enthielt. Die andere Kachel enthielt den Schalet oder die Kugel (letzteres Gericht ist eine Art englischer Nierenpudding), beides delikate Dinge, aber nur für starke Magen, weshalb zur Sommerszeit, wo sich der Mensch bei leichterer Nahrung wohler fühlt, Äpfel und Kirschtorten an die Stelle traten …

Wenn der Vater von der Synagoge heimkam, gingen wir ihm bis zur Stubentür entgegen, um uns von ihm segnen zu lassen. Zuerst die Mutter. Dann die Kinder. Er legte uns beide Hände auf den Kopf und sprach leise in hebräischen Worten die Segensformel, die ein Gemeingut geworden: ›Der Herr segne und behüte dich.‹

Vor Beginn des Essens Händewaschen mit einem kurzen Segenspruch, das Händewaschen geschah an einem Eckschrank, der fast so hoch war wie die Stube, der oben und unten Fächer für Haushaltungszwecke enthielt. In der Mitte war ein sogenanntes Gießfach angebracht, ein Messingbehälter mit Hahnen, der das Wasser für das vorgeschriebene Händewaschen hergab. Ein schmales Seitentürchen an diesem Eckschrank barg das Handtuch zum Trocknen der Hände. Vor dem Essen sprach dann mein Vater den Segen über das Brot, schnitt für jedes eine kleine Schnitte ab, die er in Salz tunkte und dann herumreichte. Dann begann das Abendessen. Das Händewaschen vor der Mahlzeit, der Segenspruch bei Brot und Salz war auch an Werktagen beim Mittagessen eine religiöse Gepflogenheit. Das hebräische Gebet am Schluß des Mahls wurde vom Vater laut, von der Familie leise gebetet. . .

Zur Zeit als die Neuerung mit dem frisch gekochten Kaffee noch nicht eingeführt war, litt meine Mutter sehr unter diesem gewärmten Sabathfrühstück. Sie hatte so wenige und so bescheidene Bedürfnisse. Aber gegen zwei Dinge hatte sie einen ausgesprochenen Widerwillen, das waren gewärmter Kaffee und geringe Obstsorten. Am Samstag Morgen gewärmten Kaffee trinken, das ging noch, aber am Nachmittag nochmals, das ging fast nicht. Es hatte aber eine Schulfreundin den zweiten Beamten des Städtchens geheiratet, die nur zwei Häuser linker Hand entfernt wohnte. Dort ließ sie sich regelmäßig für den Nachmittagskaffee des Samstags einladen und regelmäßig um 4 Uhr kam das Dienstmädchen vom Hause Schmidt und rief die Haustüre aufmachend: ›Frau Regensburger, der Kaffee ist auf dem Tisch.‹

In jedem gläubigen Judenhaus muß sich irgendwo ein Zimmer befinden, durch welches man vom Gebälk der Decke aus den freien Himmel sehen konnte. Eine Art Falltüre oder sonst eine Brettervorrichtung schützte, bei Regenwetter auf das Gebälk herabgelassen, die Stube vor dem Regen. Der Schmuck einer Laubhütte bestand, abgesehen von den grünen Zweigen an den Wänden, aus Früchten aller Art, wie sie die Jahreszeit eben reifen ließ. Äpfel, Trauben, Nüsse, Welschkorn, Getreidehalme, dazwischen lange, ausgeschnittene Ketten von Gold- und Silberpapier, und wenn es ganz brillant sein sollte, Lampions dazwischen, wie man sie bei den sogenannten italienischen Nächten ansteckt.

Wenn ich am Weihnachtsabend, der mir nichts brachte, – weil meine Eltern den Weihnachtsbaum in einem Judenhause für etwas Widersinniges hielten und christbescherende Juden einfach für lächerlich – recht neidisch war und mich manchmal der Tränen nicht erwehren konnte, wenn ich das ärmste Nachbarshaus im Kerzenglanze erstrahlen sah, so war ich am Laubhüttenfest den christlichen Kindern über. . . Dann kam Chanuka und später das Purimfest, lauter Freudentage. Das Chanukafest ist ein Siegesfest. An diesem Tag hat ein Maccabäer mit seinen Tapfern gegen die Perser gesiegt und den Stamm Juda vom Untergang gerettet. Es existierten besondere Behälter, wir hatten sie aus Silber, mit sieben Abteilungen, deren jede für Docht und Öl bestimmt war. An 7 Tagen zündete jedes männliche Familienglied von diesen Öllichtern eines an, d. h. am ersten Tag eins, am zweiten Tag zwei, am dritten drei, bis am 7ten Tag alle sieben brennen. In Häusern, die viele männliche Glieder zählten, gabs auf den innern Fenstersimsen, wo gewöhnlich die Chanuka-Leuchter plaziert werden, eine glänzende Beleuchtung. An jedem der 7 Abende nach der Beleuchtung wurde der chaldäische Siegesgesang angestimmt, den ich stolz und freudig mitsang.

Ich hatte meine erste Kindheit in einem gläubigen Elternhause verbracht und Freuden und Leiden, die Entbehrungen und die innere Befriedigung, welche das Judentum seinen Bekennern zuteilt, durchgekostet. . .«

Die Erinnerungen erzählen weiter von den Ehejahren in Konstanz und schließen mit der Übersiedlung der Familie nach Mannheim ab, wo Dr. Geißmar in eine große Anwaltspraxis eintrat. Das Ehepaar trat nicht zum Christentum über, wohl aber wurden ihre fünf Kinder, drei Söhne und zwei Töchter, evangelisch getauft. Eine Tochter heiratete einen Pfarrer in der französischen Schweiz. Die andere Tochter und ein Sohn wurden Ärzte und heirateten nicht. Die übrigen Söhne, beide angesehene Juristen und durch ihre hohe Musikalität bekannt, heirateten Jüdinnen, aber auch ihre Kinder wurden bei der Geburt getauft. Eine dieser Enkeltöchter meiner Tante Clara war die General-Sekretärin von Wilhelm Furtwängler und der Berliner Phil-

harmoniker (nach ihrer Auswanderung in der gleichen Eigenschaft bei Sir Thomas Beecham und den Londoner Philharmonikern).

AUS DEN TAGEBÜCHERN UND BRIEFEN BERTHOLD FREUDENTHALS

20. 6. 1890.

Mir scheint das ganze Leben aus lauter analogen Verhältnissen zu bestehen. Darum ist auch der Satz, ›alles schon dagewesen‹ richtig, insofern das Neue oder vielmehr was man für neu hält doch stets das Alte in etwas verändertem Gewande ist. – Heute habe ich *dadurch*, glaube ich, Klarheit über einen Widerspruch in mir gewonnen, der mich stets beschäftigt hat. Ich habe oftmals bessere und klarere Gedanken und weiß mehr als viele andere und doch erreichen jene viel mehr als ich, so war es bei Z. und so ist es mir seitdem schon oft gegangen. Das ist genau wie in meinem Skatspiel. Ich spiele überlegter als die andern und bestimmt besser als sie, trotzdem stehe ich schließlich gewöhnlich am tiefsten: bloß weil ich nicht die gewöhnlichen, der Güte der Karten entsprechenden Spiele, sondern immer ein höheres mache, höher hinaus will als das natürliche wäre. So verliere ich meist und die Lehre daraus ist: nicht geniale Nebenwege im Denken *und im Verhalten zu andern* gehen, sondern geradeaus den gewöhnlichen, glatten Weg. Es ist auch für einen mittelmäßigen Bergsteiger möglich, auf dem gebahnten Wege einen ziemlich schweren Berg zu ersteigen, auf Nebenwegen sicher unmöglich. – Ferner beobachte ich andere zuviel und bemesse mein Vorwärtsstreben dann nach ihren Leistungen, oder vielmehr ich glaube, nicht Höheres erstreben zu sollen, als die anderen erreicht haben. Ich will selbst ohne auf andere zu sehen nach dem Höchsten und Schwersten streben, aber auf der Chaussee, nicht auf Fußwegen! Das sich selbst fortwährend Betrachten hat eine gute Seite. Man lernt andere verstehen und wird allmählich Menschenkenner. Ich habe jetzt schon einen ganz guten Blick für Leute, die mir zusagen könnten. Aber daneben versteht man dadurch auch sehr scharf ihr Gethue von ihrer wahren Natur zu scheiden, und da sehr vieles bei den Meisten unwahre gekünstelte Empfindelei ist, so wird man sehr scharf gegen andere und stellt dann bald sich selbst über andere, hält sich für besser und wird eingebildet, und doch steckt man selbst voll derselben verächtlichen Eigenschaften, sonst würde man sie doch unmöglich an anderen erkennen können. Man sucht andere nur hinter den Büschen, hinter denen man selbst schon gesteckt hat oder hinter die man sich eventuell stecken würde. Nur man selbst weiß diese Eigenschaften besser zu verbergen.

›Laß der Sonne Glanz verschwinden,
Wenn es in der Seele tagt,
Wir im eigenen Herzen finden,
Was die ganze Welt versagt!‹

II. Teil Faust. Chor.

Herrlich ausgedrückt, aber wenn man nur erst mit sich selbst so weit wäre, daß es für alle Zeit in der Seele tagte und nicht nur hin und wieder auf Augenblicke die Hoffnung hineinlugte. Bis jetzt ist es mir noch ganz unmöglich, mich um den Glanz der Sonne, um die Außenwelt nicht zu kümmern, – aber allmählich wird es wohl so kommen.

27. 6. 1890.

Heut bin ich mir über einen neuen Fehler klargeworden. Wenn ich mit jemandem plaudere oder über den Sinn eines Satzes in einem Buche, das ich gerade vorhabe, unklar bin, so ist es mir, wenn ich nicht gleich den rechten Sinn des gerade Vorliegenden klar erkenne, sehr rasch gleichgültig, ob ich schließlich den rechten Sinn finde oder irgend einen andern, der drin liegen *kann.* Ich finde nicht den Sinn im Satze drin, sondern in den Satz hinein. – Der Christian in Andersens ›Nur ein Geiger‹ scheint mir viel Ähnliches mit mir zu haben. Solche Sätze wie die folgenden sind, entsprechen vollkommen dem, was ich denke und dem, was ich mir selbst oft predige. Lucie sagt zu Christian: ›Laß uns Gott danken, für das, was er uns gegeben hat. Laß uns beten, daß wir es nie verlieren mögen. Das ist wichtiger, als gegen die Sonne hinfliegen oder nach dem Nordpol kommen. Der liebe Gott hat uns soviel gegeben, daß es sicher Sünde ist, mehr als seine gewöhnliche Gabe zu wünschen.‹ ›Aber ich tue das doch,‹ sagte Christian in jugendlicher Laune, ›ich will berühmt sein, sonst kümmert mich das Leben nichts.‹ Nur daß Christian von seinem Genie und seiner Zukunft überzeugt ist und ich nur noch wenig Hoffnung habe.

30. 6. 1891.

Ich finde, daß eine völlige Verschmelzung von uns Juden mit den Germanen stets unmöglich bleiben wird. Wir haben zu verschiedene Naturen. Nicht der Hang zum Wucher oder zum Handel, nicht die Abneigung gegen ein Handwerk, nicht die materielle Lebensanschauung ist den Juden eigentümlich, nicht das trennt ihn vom Christen, auch nicht dessen kriegerische, tapfere, starke Natur. Der Gegensatz liegt woanders. In allen den genannten Punkten hat nicht der Stammescharakter, der ein für allemal der gleiche bleibt, den Unterschied herbeigeführt, sondern die Jahrhunderte lange Lebensgewohnheit. Wer Jahrhunderte lang kein Gewerbe, keine liberale Wissenschaft, keinen kriegerischen Beruf verfolgen darf, der hat natürlich, auch wenn ihm das alles nun schon bald 50 Jahre zugänglich gemacht ist, keine sonderliche Lust zu diesen Berufen. Was den Vätern und Urvätern so fremd war, das hat auch für die Kinder etwas fremdartiges; sie werden lieber dem Berufe folgen, der in der Familie vielleicht seit Generationen heimisch ist, als das schwanke Brett eines unbekannten, für sie unsicheren Berufes betreten. Zum Handel und Wuchertreiben hat man die Juden früher ja geradezu gezwungen; wenn man jemandem die meisten Berufe verschließt und sie auf einige wenige beschränkt, wie kann man sich da wundern, wenn sie sich nun wirklich an diese wenigen ihnen zugänglichen gewöhnen und bei ihnen bleiben. Wenn wir erst mal noch 100 Jahre freie Wahl des Berufes haben, dann werden wir zögern und so sicher wie *sie* Handwerker und Militärs, Raufbolde und äußerlich imposante Erscheinungen werden. Diese Unterschiede fallen mit der Angleichung der Erziehung beider Rassen. Aber anderes wird ewig bleiben. Unsere Neigung mehr zu scheinen als wir sind, unsere größere Leidenschaftlichkeit, unser viel hitzigeres und entschiedeneres Aburteilen, größere Treue, Anhänglichkeit und vor allem Dankbarkeit bei uns, und damit sind die Unterschiede noch lange nicht erschöpft.

25. 7. 1891.

Dies ewige Schwanken aus Resignation oder beinah Verzweiflung zur freudigsten Hoffnung reibt furchtbar auf. Ich wünschte, es käme irgendeine große Krisis, eine recht schwere lange Krankheit und machte mich endlich von den gräßlichen Quälereien und Grübeleien frei. Aber jedenfalls so kann es nicht mehr lange bleiben. Das Arbeiten würde mir jetzt solche Freude machen, die Nationalökonomie paßt ganz zu mir, aber was nützt mir denn alles Arbeiten, wo ich doch immer wieder eines über dem andern vergesse. Ob ich überhaupt hätte studieren sollen? Keine Energie, kein scharfes Denken, keine besondere klare Vorliebe für ein Fach, keine Ausdauer und kein Gedächtnis. Mit demselben Recht kann jeder studieren, dessen Eltern das Geld dazu hergeben. Ich glaube, mich hat hauptsächlich die Gewöhnung, das Studieren als den nächstliegenden Beruf zu betrachten, und der äußere Glanz des Berufes dazu bestimmt. Sicherlich nicht die Eitelkeit, auch mal Gelehrter zu heißen und mit den Herrlichsten gleichen Standes zu sein, aber doch ebenso sicherlich der natürliche Trieb zum Lichte, zum leuchtenden lockenden Glanze.

Soll ich die Energie haben, abzuspringen? In den Ferien werde ich jetzt den Kaufmannsberuf kennenlernen, vielleicht wird mir dann klar, ob er für mich getaugt hätte oder ob mich kein bloßes Vorurteil von ihm zurückgehalten hat.

Das Beste wäre in letzterem Falle, ich wähle, wozu ich sicher noch am tauglichsten bin, einen Beruf innerhalb des Kreises der Nationalökonomie, in dem es etwas zu helfen, praktisch zu helfen giebt. Beseitigung des Wuchers unter uns Juden, praktischer Schutz der Arbeiterklasse, völlige Freilegung des Gewerbes für Juden oder etwas ähnliches. Ich wünschte, es wäre Nacht oder die Hilfe käme! Aber sie kommen beide nicht. Gäbe es doch einen Roman, wo es einem so ginge wie mir. Da würde ich vielleicht den Weg zur Besserung finden. *So* aber gerate ich immer tiefer ins Dickicht und doch kann nur ich allein mir helfen. Das ist überhaupt meine ärgste Sorge. Ob ich nicht durch das fortwährende Spintisieren mich so tief in den *einen* Gedankengang hineinreite, daß ich nie mehr hinauskomme. Es wäre gewiß das Beste, ich risse mich gewaltsam los und zwänge mich dazu, zu hoffen und an mich zu glauben. Ich will es versuchen, vielleicht geht's.

31. 7. 1891.

Richtig bescheidene Menschen, glaube ich, gibt's nur unter den alten Generationen, unter uns Jüngeren ist die Eigenschaft, wie mir scheint, ganz ausgestorben. Für seine guten Eigenschaften, die jeder sehr genau kennt, macht jeder sofort höhere Ansprüche. Bei *uns* ist Bescheidenheit, Zurückhaltung und Wahrung der Anstandsrücksichten gegenüber Älteren, Höheren etc., also reine Formensache.

Patschkau (Schlesien), 31. 12. 1894.
[Als Gerichtsreferendar]

Zum ersten Male verbringe ich Sylvester allein auf meinem Zimmer, aber wie gemütlich und nachdenklich ist es hier. Im Ofen flackert gemütliches Feuer, ein behaglicher Punsch und Pfannkuchen duften mir entgegen, ein Jahr liegt hinter mir, in dem ich vorwärtsgekommen bin, äußerlich und vor allem innerlich, in dem ich endlich meinen lieben alten Herrgott wiedergefunden habe, ohne den ich leben zu können geglaubt hatte. Ich Thor! Eben darum braucht der Mensch den Himmel und Gott, weil Erde und Mensch so dürftig ist, so voller Mängel. Wenn ich jetzt Gutes genieße, denke ich gleich des Spenders, der gegen mich so viel gütiger war als gegen unzählige andere. Das Programm meines nächsten Jahres soll darin bestehen, daß ich meinen Willen festige, nicht von der Welt abhänge, sondern so weit der Mensch es kann, die Außenwelt nach meinem Willen gestalte. Lieber Gott, hilf mir dazu, wie du mir bisher stets geholfen hast.

Halle, Neujahrstag 1898.
[Als Hospitant im Seminar bei Liszt]

So wenig ich nach einer schweren Sylvesternachtsitzung bei Liszts für Vernünftigeres disponiert bin, will ich doch meiner Absicht, wenigstens am Ende eines jeden Jahres ein Fazit zu ziehen, auch heuer nicht untreu werden. Auch diesmal liegt ein Jahr voller Arbeit hinter mir, dessen ich mich nicht zu schämen brauche. Das Assessor-Examen liegt glücklich hinter mir und mein geringes Selbstvertrauen hat durch das erreichte Prädikat eine Stütze gewonnen. Vor mir aber liegt dunkel und noch immer – wenn ich ehrlich bin – unklar die Berufswahl und Gott gebe, daß ich durch diese mein Lebensglück begründe. Möchte er mir doch geben, daß ich in eine Laufbahn komme, in der ich tüchtig und befriedigt bin! Ich habe ihn um diese zwei Dinge so oft aus vollem Herzen gebeten, daß er es mir nicht versagen wird. War er doch bisher eigentlich in jedem Falle viel gnädiger gegen mich, als ich Schwächling verdient habe. Diese Schwäche ist das zweite, was mir zu denken und zu arbeiten giebt für das kommende Jahr. Nicht so wohl, daß ich Vergnügungen nicht abzulehnen vermochte wie früher, sondern daß mein Wohlbefinden abhängig ist von so vielen Äußerlichkeiten, daß es meist in unruhigem Schwanken, ungleichmäßigem Auf und Nieder begriffen ist. Ein unfreundlicher Blick kann mich auf Stunden oder Tage verstimmen, ein Lob oder eine Freundlichkeit hebt mich über das Gleichmaß. Beides ist gleich unwürdig. Wenn ich doch weniger von der Welt, vom Erfolg und mehr von mir, meinen Handlungen abhinge! Es mag in unserer Zeit liegen, aber ich selbst habe an mir beobachtet, wie mir der Erfolg an sich imponiert und den Erfolgreichen höherstellt, selbst da wo ich weiß, daß es nicht Verdienst war, sondern Glückszufall, dem jener Erfolg entsprang. – Soll ich mir eigentlich wünschen, Privatdozent zu werden? Ich werde als Jude unendlich viel Seelenschwankungen durchzumachen haben, abhängig sein, auf Erfolg verzichten müssen. Dabei oft mehr arbeiten müssen durch die in meinem Falle notwendige Verbindung mit der praktischen Tätigkeit, als mir und meinen Leistungen zuträglich wäre. Mißlingt die Habilitation, was leicht eintreten kann, so will ich mir schon jetzt meine Haltung zu diesem Mißerfolg klarmachen: ›Auch so zum Guten!‹ Dieser gute alte Judenspruch mag mein Grundsatz und mein Trost sein. Es ist sehr gut möglich, daß mich eine praktische Thätigkeit zum Beispiel als Magistratsbeamter, mehr befriedigen wird als die für Leute von meiner Qualität sehr anstrengende akademische Thätigkeit. Denke ich daran, so ist mir nicht recht behaglich zu Sinne; mir ist dann, als sollte ich mich Zeit

Lebens auf einen Kothurn stellen, statt auf meinen gesunden Beinen herumzulaufen. Lieber Gott, hilf mir in diesen Fragen, wie du mir stets geholfen hast. Und noch eins: schütze alle Meinigen im Jahre des Heils 1899.

Wunstorf, 27. 3. 1899.

Einige besonders wichtige Grundsätze, die ich in Halle erworben, will ich hier mir ad perpetuam rei memoriam fixieren.

1) Tritt vor keinen für dich wichtigen Menschen, wenn du nicht frisch bist.

2) Sei weder verschämt noch unverschämt, das Beste ist ruhige gleichmäßige fröhliche Männlichkeit, die genau weiß, was sie will.

3) Laß andere, besonders Vorgesetzte, an deinen *Zweifeln* keinen Anteil nehmen. Am besten machst du diese mit dir allein ab.

4) Verzweifele nie an der Ausführbarkeit deiner Arbeitspläne. Nach wenigen Tagen findet sich der Ausweg. Die Opposition dritter ist oft prinzipielles Widersprechen; denke an Halle und die Frage der Mehr- oder Mittäterschaft.

5) Nimm nicht übel! In jedem Falle, in welchem ich auf den Grund gehen konnte, stellte sich die Grundlosigkeit meiner Empfindlichkeit heraus und zwar meist nach einer Richtung, in der ich am wenigsten die Lösung vermutet hätte. Jedesmal aber war die Folge des Übelnehmens eine Trübung des Verhältnisses zu einem

Menschen, vielfach eine nicht wieder auszugleichende Trübung.

6) Wenn du in der Arbeit bist, so ziehe dich von den Menschen ganz zurück.

7) Stelle die Menschen in jeder Hinsicht, besonders bezüglich deiner Arbeiten, vor das fait accompli! Dann wirkt alles Gute doppelt und viele Mängel werden ohne weiteres in Kauf genommen.

8) Halte dich gesund! Das ist der Anfang und das Ende!

Breslau, 5. 6. 1899.

Nachdem ich meine Habilitationsarbeit abgegeben habe und auf die Zulassung warte, will ich die Stellung schriftlich kurz präzisieren, die ich in Bezug hierauf habe. Ob ich zugelassen werde, ist ungewiß; *geschieht es nicht*, so werde ich mich damit trösten, daß kein Beruf unsicherer und unruhiger zugleich sein kann als der des Privatdozenten, daß ich große Quälerei mit den zum Berufe gehörigen Studien und Büchern vermeide, den Eltern nicht auf lange Zeit zur Last falle, als Jude! unaufhörlich auf dem qui vive stehen und mich zurücksetzen lassen muß.

Breslau, 31. 12. 1899.

Wieder ein Jahr ist verflogen, und wieder will ich am Sylvestertage seine Summe ziehen. Hier sitze ich in meinem gemütlichen Arbeitszimmer und denke zurück, wie mächtig mich Gottes Gnade in diesem kurzen Jahre vorwärtsgeschoben hat. Vor einem Jahr tiefster Zweifel, ob die begonnene Habilitationsarbeit durchführbar sei. Seitdem deren Durchführung und viel Ehre durch sie, Zulassung zur Habilitation ohne jede Schwierigkeit, eine schöne Anfangs – venia legendi, ein erstes Privatkolleg mit 50 Hörern, ein Strafrechtspraktikum mit 23 Belegern. Dazu einigermaßen Wiedererlangung der Gesundheit, nur hie und da durch Nervosität durchbrochen, – wie unendlich viel habe ich auch beim Ende dieses Jahres zu danken! Und doch bin ich kein glücklicher Mensch gewesen und bin es auch heute nicht. Mir fehlt das Gleichmaß! Heute glücklich durch ein günstiges Urteil über mich oder mein Kolleg, morgen verstimmt durch einen nicht genug freundlichen Gruß oder Brief eines der Professoren. Das sollte ich im neuen Jahre mir erwerben: geradeaus gehen! Auf sich, nicht auf andern stehen! Seine Schuldigkeit thun und basta! Das Gute, das man verdient, kommt auch ohne Sorgen und *mehr* als man verdient.

Breslau, 1. 1. 1901.

Spät abends ist es, aber es drängt mich über das vergangene Jahr Rechenschaft zu geben. Es war reich an Arbeit und an Erfolg, besonders an Lehrerfolg (Völkerrecht 75, Einleitung 55, internationales Recht 96 Hörer), aber auch reich an Unruhe und äußerlichem Hasten. Meinen größten Fehler sehe ich in der Äußerlichkeit: die Menschen, seien es Ordinarien, seien es Studenten, spielen eine zu große Rolle für mich. Das muß im Jahr 1901 anders werden! Eine große Bitte hat mir Gott bisher erfüllt: ich hatte nie zu zweifeln, daß ich *bisher* in der richtigen Berufsbahn war. Möchte er, der mir ohne jeden Zweifel auf Schritt und Tritt hilft, weiter mir Klarheit lassen über jene Frage. Vor allem im künftigen Jahre, in dem mein großes Buch herauskommen soll. Möge sein Schicksal vor allem anderen *klar* sein – gut oder schlecht, aber klar, daß ich weiß, ob ich bleiben darf, was ich bin, oder ob ich wechseln muß – jetzt, da ich noch jung genug bin zu wechseln. Noch eines außer der Verinnerlichung: etwas mehr Haltung! Gieb nicht jedem dein ganzes Inneres, laß nicht jeden an deinen Selbstzweifeln und deiner inneren Unsicherheit teilnehmen. Das sei die Arbeit des Jahres 1901.

Breslau, 1. 1. 1902.

Über die Weihnachtsferien in Breslau empfinde ich das Bedürfnis, stärker vielleicht als in früheren Zeiten, den Inhalt dieses ergebnisreichen Jahres zusammenzufassen. Es war ein Jahr, das mir, wie keines zuvor, innige Dankbarkeit gegen Gott nahelegt. Im Anfang des Jahres wurde eine umfangreiche Literaturübersicht, die Geschichte des Strafrechts betr., gedruckt. Wenige Tage nach ihrem Erscheinen kam ein Brief von Theodor Mommsen, dessen römisches Strafrecht in jenem Bericht eingehend besprochen war, mit der Frage, ob ich mit ihm und anderen zusammen eine rechtsvergleichende Arbeit, strafrechtsgeschichtlichen Gegenstandes, machen wolle. Wie glücklich war ich bei dem Gedanken, mit Mommsen, Brunner, Wellhausen zusammen arbeiten zu dürfen, und wie gern habe ich das schwierige Werk übernommen! Möchte Gott, der es mir gesandt, zu seiner Vollendung seinen Segen geben. Kurz danach wurde meine »Notwendige Teilnahme« fertig, ein schweres und sprödes Stück Arbeit, dessen Herstellung mir doch reiche Befriedigung gewährt hat. Bisher ist die Arbeit durchweg günstig aufgenommen worden, aber wie wertlos sind doch Rezensionen!

Wenige Wochen weiter, da lag ein Brief aus Frankfurt a/M auf dem Tisch, der Verwaltungsausschuß der Akademie für Sozial- und Handelswissenschaften in Frankfurt a/M nehme mich für die Dozentur des Öffentlichen Rechts in Aussicht. Unter günstigsten Bedingungen habe ich sie angenommen. Vielleicht gewährt mir da das Schicksal den lange ersehnten Wirkungskreis. Bisher ist es ein unendlich ruhigeres und behaglicheres, wenn auch arbeitsreiches Leben, das ich dort führe. Meine Vorlesungen befriedigen mich mindestens wie hier, und die Menschen achten mich, was sie hier, wenigstens scheinbar, keineswegs alle thaten: der Jude ist hier nur äußerlich emanzipiert. – Das neue Jahr möge mich lehren, freundlich und doch zurückhaltend, einfach, und doch würdevoll, bescheiden, und doch sicher zu sein. Diese Vereinigungen fehlen mir. Du aber, gnädiger Gott, habe Dank für unverdiente Güte! Hilf den Meinigen und hilf mir weiter! Stähle meine

Willens- und Widerstandskraft. Das ist meine Bitte zum Beginn des Jahres 1902.

Rigi Kaltbad, 31. 12. 1910.

Ob mir noch Eheglück beschieden ist? Ich bin oft so furchtbar einsam und so unbefriedigt als bloßer Berufsmensch. Sollte Gott wollen, daß ich so unentwikkelt, so einseitig bleibe? Ist nicht mein Bestes die Gefühlsseite? They will be done. Aber eines erbitte ich von dir: erhalte mir den Glauben an deine Fürsorge; ohne sie hätte ich keine Lebenskraft. Und bewahre mich vor Schuld.

Äußerliches: Mitglied des Vorstandes der I.K.V. (Internationale Kriminalistische Vereinigung).

Sei nicht mißtrauisch – nicht empfindlich – warte ruhig ab – sei milde.

Aus Briefen von Berthold Freudenthal vom Sommer-Semester in Tübingen 1891 (an seine Eltern).

»...Dabei muß ich sagen: Wäre ich Christ, so wäre auch ich wie irgend einer, Judenfeind, freilich mit Ausnahmen. Ich habe mir oben auf der Schloßbibliothek eine Schrift: »Wucher auf dem Lande« geborgt, die im Auftrag einer staatswissenschaftlichen Gesellschaft (glaube ich) zusammengestellt worden ist. Es ist recht beschämend, wie damals die Verhältnisse lagen. In Posen kommen 9 jüdische auf 1 christlichen Wucherer, ähnlich, wenn auch nicht ganz so schlimm in Elsaß-Lothringen, Hannover, Oldenburg. Hier sind weniger Juden, daher auch weniger Wucherer. Und erst die Art, die Schlauheit und Heimtücke, mit der diese Gauner die Bauern umgarnen, man kann durch dies eine Buch zum Antisemiten werden. Und nur die Allerbesten unter den Germanen können dem gegenüber so gerecht sein zu bedenken, daß nicht alle Juden wuchern und daß es auch unter uns gute edle Menschen giebt wie unter ihnen. Neumann gehört zu diesen wenigen, das könnt ich beschwören, obwohl er bisher nie Gelegenheit hatte darüber zu reden. Schönberg steht auf Elsters Standpunkt, nicht offen, aber desto tiefer Judenfeind. Michel erzählte mir, als der Universitätspedell mal in seine Bude kam, um über Personalien sich Auskunft zu holen, fragte er – in Gegenwart von Michels Wirt – auch nach seiner Religion. Da er sagte, Jude sei er, fuhr der Wirt zusammen, als ob er gesagt hätte: Meuchelmörder oder Seeräuber, wie Michel erzählte, und dem selben Geiste begegnet man auf Schritt und Tritt. Es ist ein Unsegen, heutzutage zu diesem Stamme zu gehören, der leidet ohne sich zu wehren, der nicht im Stande ist, aus sich selbst heraus sich zu bessern, die vielen häßlichen Eigenschaften, die man oft mit Recht als Eigentümlichkeiten des Juden bezeichnet (nicht bloß die äußeren Manieren) abzulegen und der – das ist das Allerschlimmste – seinen Angehörigen nicht einmal mehr den Schutz gegen alle Verfolgungen, den festen Glauben, die Überzeugung einpflanzen kann, daß man nicht umsonst von allen als etwas Schlechteres behandelt wird. Erst muß man den wirklichen tiefen Gehalt des Judentums kennenlernen, und die Kruste vom Kerne scheiden können, ehe man wieder glauben kann, daß die Opfer und ihr Lohn sich entsprechen, nicht daß man aus bloßer Gewohnheit weiter glaubt, was die Eltern geglaubt haben.

Was habe ich eigentlich von unserer Religion erfahren? Soviel, als die Weisheit von Herrn Tawrogi oder der edle fromme Charakter von Herrn Poswauskj mich gelehrt hat. Hätte ich stets, wie in den letzten Zeiten bei Dir, geliebter Papa, Stunde gehabt, dann würde ich nicht jetzt in der Lage sein, mir zu sagen, daß nur Pietät und das Gefühl, es muß mehr an unserer Religion liegen, als ich von ihr weiß, sonst könntet Ihr nicht so glücklich in Eurem Glauben sein trotz der tausend täglichen Opfer, daß nur dieses Gefühl mich fest beim Juden-tum hält. Es muß ein starkes Gegengewicht sein, das den fortwährenden, offenen oder schweigenden Anfeindungen, die ich so gut wie Ihr und jeder fühlende Jude zu leiden habe, die Wage zu halten vermöchte. Und ich will versuchen, mir dies Gegengewicht wieder zu verschaffen. Von den vielen Theologen, die ich hier kenne, kann ich leicht eine Bibel bekommen, da will ich fleißig drin lesen, denn so geht es nicht weiter, wenn ich nicht schließlich an allem irre werden soll. Es war schrecklich auf der Tour, wie liebenswürdig alle Reisebekannten waren, so lange ich ihnen als Germane galt und plötzlich die Kluft und Trennung, sobald ich gesagt hatte, daß ich Jude sei, und ich habe schon immer, wenn ich jemanden kennen lerne, das Gefühl: Wie lange wirst du denn noch so freundlich gegen mich sein? Und nicht zu sagen, daß man Jude ist, wo doch darauf alles hinaus kommt, ist zu feige und würde auch dies Gefühl nicht beseitigen. In Breslau als Euer Sohn habe ich alles das nicht empfunden, hier aber bin ich nicht mehr und nicht minder als jeder andere Jude. Jetzt weiß ich, was Papa zu überwinden hatte, zu überwinden hat und was ich später zu überwinden haben werde. Ich mußte Euch mal alles sagen. Jetzt lebt wohl.

Euer ewig treuer Berthold«

Berlin, 16. 10. 1898.

Nach dem mit Prädikat bestandenen Assessor-Examen:

...»Gottlob, Ihr geliebten Menschen, daß dieser Berg überstiegen ist. Da war der alte Herrgott, der mir Freitag abend in der Lützowstraßen-Synagoge die verlorene Ruhe wiedergegeben hat, doch auch dieses mal wieder so gütig gegen mich, wie ich es nicht entfernt verdient habe.«

23. 3. 1891. Brief des Vaters Jacob Freudenthal

»... Donnerstag und Freitag in dieser Woche, Mittwoch und Donnerstag in nächster Woche ist Pessach. Bete wenigstens für Dich, wenn Du nicht in den Tempel gehen kannst.«

20. 4. 1894. Brief von Jacob Freudenthal

»... Morgen ist der erste Tag Pessach – (ich gehe in den Tempel), Du hast ja Dein Gebetbuch und wirst auch ohne Tempel den Weg zu Gott finden.«

Brief von Jacob Freudenthal. Breslau, 29. 1. 1891.

»Du hast uns, geliebter Sohn, nur in epigrammatischer Kürze mitgetheilt, daß Du zum Militär nicht genommen bist. Nun aber erwarten wir etwas ausführlicheren Bericht darüber – ob Du ein für allemal als untauglich zurückgewiesen oder Dich noch einmal stellen mußt; ob das schon definitiv ist oder noch einmal Revision stattfindet etc. Gewiß mußt Du ein leichtes Bedauern darüber verspüren – denn unsere schneidige Zeit ist vor allem bestrebt, durch Körperkraft zu glänzen. Aber es sollte Dir und uns doch ein Stein vom Herzen fallen. Denn wie Du mit Deinem schwachen Bein und Deinem sich immer von neuem einstellenden Katarrh durch die Strapazen des ersten Dienstjahres gekommen wärest, ist mir unklar. Und so wollen wir nicht so sehr mit Worten, sondern von ganzem Herzen sagen: ›Auch das zum Guten‹! Nicht wahr, mein geliebter Sohn? ... Mache jedenfalls das Fest zu Kaisers Geburtstag mit und denke, daß was Du ausgiebst, Dein Vater, der zu Hause bleiben muß, erspart. – Suche überhaupt in den letzten Wochen dort noch einen guten Eindruck zu hinterlassen, oder richtiger, verdirb den guten Eindruck Deines bisherigen Verhaltens nicht durch unangebrachtes Knausern.

Als Nachsatz: Glaube übrigens nicht, daß meine obigen Worte Dich zum Überfluß, zum Saufen, Kneipen etc. animieren sollten! Fern von mir!«

Aus demselben Brief vom 29.1. von der Mutter, Therese Freudenthal: »Nur einen Gruß für heute, mein Sohn, und vollste Übereinstimmung mit dem, was Vater sagte. Übrigens hat man auch ihn nicht zum Militär genommen und zwar verbrämt mit Redensarten, die nichts weniger als wohlthuend waren, und er ist doch G.s.D. ganz gesund und stark geworden; und wäre es noch mehr gewesen, wenn er sich mehr Ruhe im Leben gegönnt hätte.«

»Breslau, 10.12.1891 ... Sehr schön sprach über preußische Studien, Verbindungswesen und Verbindungsschlagerei *Dahn* im zweiten Band seiner Denkwürdigkeiten, die er mir gewidmet und geschenkt hat. Er hält es für einen Krebsschaden der ganzen Juristen, daß sie sich keine allgemeine Bildung erwerben, daß sie *unentbehrliche* philosophische und geschichtliche Kollegs hören sollten etc..

Breslau, 20. 4. 1894. Brief von Therese Freudenthal.

»Ich grüße Dich herzlich, mein geliebter Junge, und wünsche Dir vergnügte Feiertage, denn heute abends gehen unsere Ostern an. Auch sonst wünsche ich Dir viel Vergnügtsein; aber solches, das man auch ohne Tanzstiefel und alle sonstige Veranstaltungen genießen kann; das von innen nach außen leuchtet und nicht umgekehrt erst von außen, d. h. von anderen herkommen muß; und daher viel sicherer und berechenbarer ist als jenes. Geh Deinen Weg still und froh und gucke nicht nach den Menschen und danke Gott jeden Tag für alles Gute, das er Dir in so reichem Maße geschenkt hat, und freue Dich Deiner Jugend, Deiner Arbeit und des Erreichten. Sonst könntest Du leichtlich zu den Menschen gehören, die sich selbst alles Glück, das sie besitzen, zerstören und mit diesem auch, was unserer heutigen Jugend ja der Inbegriff alles Erreichenswerten zu sein scheint – die sogenannte ›Karriere‹. Gehe nicht nach Karriere, mein geliebter Junge, sondern ruhigen sicheren Schrittes Deinen Weg, ohne viel ans Ziel zu denken, das sich dem redlich Arbeitenden ganz von selbst enthüllen wird. Ceterum censeo.«

*

Während des ersten Frankfurter Jahrzehnts, das von außerordentlicher theoretischer und praktischer Aktivität erfüllt war, machen die kleinen Tagebuchnotizen einem – später gedruckten – Band von Aufzeichnungen über eine 1905 unternommene amerikanische Studienreise Platz. Erst kurz vor der Gründung der Johann Wolfgang Goethe-Universität 1914 werden die per-

sönlichen Aufzeichnungen wieder aufgenommen und zugleich auch ein Kriegstagebuch (zum großen Teil in Stenographie) geführt:

2. 1. 1914.

»... Viel innerlich einsam, Sehnsucht nach ruhigem Glück, das doch nach 40 fern liegt. Ob wohl die Universität am 1. 10. 1914 eröffnet wird? Ob ich den großen neuen Aufgaben noch gewachsen bin? Ich muß viel Theorie nachholen.«

23. 8. 1914.

»Geburtstag – im Weltkriege um Sein oder Nichtsein unseres lieben Landes, das seine ganze Größe jetzt in der Not zeigt. Nicht ein Zaudern, nicht eine Spur von Furcht einer Welt von Feinden gegenüber. Es ist eine Kraft, ein Idealismus, eine Rechtlichkeit, eine Tapferkeit in diesen Germanen, vor der man den Hut ziehen muß! Ein Land, das Gott nicht verlassen wird. – Ich bin – allein wegen des Bruchs – nicht waffendienstfähig, arbeite aber hier als Staatsanwalt und als Justitiar der freiwilligen Krankenpflege.«

5. 10. 1914.

»Am 2. September ordentlicher Universitätsprofessor geworden. Am 24. Dezember zum ersten Dekan der Frankfurter Juristen-Fakultät vom Minister ernannt.

Dank dir, lieber Herrgott, für deine Gnade und laß mich ihrer wert sein.«

31. 12. 1914.

»Wo habe ich schon Sylvester verbracht! Diesmal auf dem Hebel-Hofe am Feldberg im Schwarzwald. Ein inhaltsschweres Jahr schließt. Was muß das neue alles bringen! Unsere Truppen auf feindlichem Boden. Aber *entscheidende* Schläge sind noch nicht geführt, nicht gegen Frankreich oder England, nicht gegen Rußland. Unsere Führung ist wohl der feindlichen überlegen. Gott gebe, das sie *genügend* überlegen ist, um einen *genügenden* Sieg herbeizuführen – das heißt einen Sieg, der nicht zu faulem Frieden führt. Indessen ist zweierlei geschehen: Martin hat das Eiserne Kreuz. Er hat sich – nach Trumpler – zweimal ausgezeichnet. Es wird ihn, denke ich, über viel Zweifel hinwegbringen. Auch ists köstlich wegen denen in oder außer unserer Familie, die ihn wegen der Taufe gebannt haben. Gott schütze ihn.« (Martin war Bertholds einziger Bruder.)

»Ich bin ständiger Mitarbeiter der Liszt'schen Zeitschrift geworden. Aber den inneren Abschluß, den festen Halt, der auch im Unglück nicht weicht, den möge Gott mir 1915 geben.«

23. 8. 1915.

»Schwerster Konflikt in unserer« – »meiner« – jungen Juristenfakultät. Ihr Gegenstand die Reklamation von 6 Fakultätsmitgliedern, die ich in solcher Lage unseres Landes für bitteres Unrecht halte, zumal tatsächlich *nicht sechs unabkömmlich* sind; und die ich bei der *Militärbehörde* vertreten sollte, nachdem wir sie eben beim *Minister* vergebens beantragt hatten. Sehr bald stellte sich durch den ministeriellen »Wischer« die Berechtigung meines Standpunktes und meiner Warnung heraus. Nun aber glaubten mich die Reklamanden, in ihrem Ärger, strafen zu dürfen und gingen in der unverbrauchten Ellenbogenkraft des bis 1. Oktober 1915 *sieben*jährigen *Privatdozenten K.*, dem der rabiate P. und der unfertige G. zu dem heißersehnten Ziele der Reklamation blind folgen, so weit, mich auf einer amtlichen Einladung vor der weiteren Fakultät qualifiziert zu kompromittieren. Darauf habe ich, nach mehrfacher Verwarnung und nach Beratung mit S., der sich als treuer Freund bewährt, K., der etwas matt ist und den gerechten Unparteiischen mehr betont als den Freund, mit V.A. und vor allem R., in Berlin die Niederlegung des mir vom Minister übertragenen Dekanates angeboten. In ehrenvoller Weise unter Vertrauenserklärung abgelehnt. Wenige Tage nach Mitteilung dieses Ministerialbriefes an die Fakultät anonymer Schmähbrief. Verdacht gegen Frau X., gekräftigt durch P.'s Gutachten: nach Zahl und Bedeutung der Schriftübereinstimmungen Identität möglich, ja wahrscheinlich ... Ich selbst habe den Minister gebeten, mich nicht zu reklamieren und mich für 30.9. dem Militär gestellt, weil es unsicher war, ob der Jahrgang 1872 noch eingezogen wird. Jetzt warte ich.«

29. 11.–15. 12. 1915.
(Nach der Reise an die Ostfront).

»Die Lehren dieser Reise: 1) Was man erreicht, erreicht man im allgemeinen durch niemand als durch sich selbst. 2) Wie wird das neue Deutschland aussehen? Äußerlich, – tadellos. Formen sicher und gewandt. Innerlich: viel Selbstbewußtsein. Zielsicherheit. Gleichgültigkeit gegen die Interessen anderer, gesteigert bis zur Brutalität nötigenfalls. Viel Vorurteile, auch gegen Juden. 3) Laß dir von minderwertigen Leuten keine Gefälligkeiten erweisen. Erstens machen sie es schlecht und zweitens machen sie sich selbst wichtig damit. Tadellos dagegen bei Männern wie Eichhorn oder Litzmann. Mit ihnen steht man auf gleichem Boden. Vom Äußeren ist dabei nicht die Rede, und darum ist dies Urteil nicht anmaßend. Aber innerlich stimmt es. Nur freilich, sie haben vor unsereinem eines voraus: den Abstand von Menschen und Dingen. Ich stehe so sehr mitten zwischen beidem – Menschen und Dingen. Ich bin so persönlich. Sie sind so sachlich. Ob ich diese höhere Kultur, die der Sachlichkeit noch erreiche?«

»In Kowno: Wo man hinsieht, Juden, – nicht gerade ein Schlag, den man zu Mitbürgern machen möchte: Annexionsgelüste sollte man heilen, in dem man ihre Träger hierherschickt.«

Weitere Notizen vom Sommer 1916 wurden während der Tätigkeit bei der Reichs-Entschädigungs-Kommission in Brüssel eingetragen. Ein eingelegter

Zettel: »Wenn ich mich dahin bringen könnte, auf *die Dinge* zu verzichten, auf die ich kein Recht oder noch kein Recht habe, wie Rektorat und Senat, und die ich doch verlange, soziale völlige Gleichstellung, obwohl Jude, Berufungen, obwohl Jude, Frieden, obwohl reizbar, – wäre ich ein glücklicher Mensch.«

2. 1. 1916.

»... Im Dezember wundervolle Fahrt mit dem Weihnachtswagen der Kriegsfürsorge an die Ostfront. Unvergeßliche Stunde bei dem kommandierenden General Litzmann in Novo Sjolki, in der er uns den Durchbruch bei Brzezino ergreifend schilderte. Dann zu dem Schützengraben an der vordersten Front bis 240 Meter von den Russen bei Smorgon. Von Eichhorn überaus freundschaftlich. Jetzt in Berlin zu langersehnter Kriegsarbeit in der Reichs-Entschädigungs-Kommission. Heinrich auf dem Truppenverbandplatze tätig, Hugo in seinem Feldlazarett, Martin noch am 15. 12. in Süd-Serbien. Herr, hilf im neuen Jahre, – unserem Lande, den Kindern, mir! Ich halte zu dir, so bleibe du auch bei mir.«

23. 8. 1916.

»25 Jahre seit ich dies Buch begann. Der beste und weitaus der größte Teil meines Lebens – aller Voraussicht nach – vorüber. Da heißts zurückblicken. Mein erstes Gefühl ist das des Dankes: was hat Gott aus meinem Leben gemacht! Wieviel Gefahren sind glücklich an mir vorübergegangen! Das Ergebnis im übrigen ist nicht vollbefriedigend: such is life ... Wo die Mängel liegen? In der Ungefestigtkeit. Mir fehlt entscheidend die gute Frau, die mir die Welt gleichgültig macht, meine Fehler ausgleicht und mir die Arbeit wieder lieb macht. Denn ich bin dran und drauf, mangels lockender Ziele ein fauler Gesell zu werden. Hilf hier wie im übrigen, oh Herr, und laß mich nicht, wie ich dich nicht lasse bis zum letzten Atemzug.«

15. 2. 1917.

»In schwierigen Lagen, in denen ich nicht übersehe, was ich zur Lösung in meinem Sinne tun oder sagen soll, ist nach meiner Erfahrung das beste: wegbleiben oder schweigen. Nur nicht auf alle Fälle *irgend etwas* sagen!«

30. 12. 1916.

»Die Ferien arbeite ich durch. Arbeit ist meine Labe und Heilung von den Menschen. – Martin Gott sei Dank wohlauf. – Merkwürdig, wie derselbe Herrgott, der mir unverdient so vieles gegeben hat, mir das ersehnte Glück der Ehe versagt. So lebe ich weiter in einem Hause, das nach der Straße ohne Wand ist.«

3. 4. 1917.

»Am 27. März kam die Ernennung zum Geheimrat. Es ist nur ein Titel. Aber erstens ists nett, ihn mit

44 Jahren als Jude zu erlangen und zweitens kann ich ihn z. Z. hier gut gebrauchen. Gott ist sehr gnädig. Mein Glück wird dauern, wenn ich mich ihm dauernd gewachsen zeige. – Gestern Vortrag in der ›Juristischen Gesellschaft‹ über Strafe und Strafvollzug im Rechtsstaat. Gut gelungen.«

Heidelberg 14. 4. 1917.

»Ein Tag, wie er im Leben nicht wiederkehren kann, an Größe, Fülle, Gnade. Heut Vormittag habe ich mich auf dem Philosophenwege mit Gred David verlobt. Wie ich sie in diesen acht Heidelberger Tagen kennen gelernt habe, ists mir, als hätte Gott der Herr sie für mich geschaffen. So ist mein Sehnen durch seine Güte erfüllt, so erfüllt, daß ich in Demut und *Dankbarkeit* mein Knie vor ihm beuge. Sie soll praktisch werden durch unser beider Gelöbnis, zu tun *was* in unseren Kräften steht, daß in unserer Generation und von unseren Kindern – wenn sie uns beschieden sind – das Gute auf Erden gefördert werde. – Wenn doch die Eltern diesen Tag noch gesehen hätten! Ihr Segen hat ihn heraufgeführt, er wird uns auch das Haus bauen, in dem wir als Dank für unser Glück Gott dienen werden.«

17. 10. 1918.

»Leutnant Federsen (ein Unterseebootsoffizier) erzählte, den Offiziersunterricht habe ein sehr fürnehmer

Herr geleitet, Kapitän zur See. Er habe vor Alkohol gewarnt. ›Alkohol, in mäßigen Mengen genossen, durchaus geeignetes Getränk. Vor dem Mittagbrot trinken ihn dagegen nur Rechtsanwälte und ähnliche niedere Beamte.‹ Darauf sei einer der jungen Leute aus dem Kursus aufgestanden mit den Worten: Melde Herrn Kapitän gehorsamst, mein Vater ist Rechtsanwalt. Jetzt ist der Tapfere längst im Mittelmeer gefallen.

Ich habe M. [ein Fachkollege] Federsens Urteil über die Überlegenheit der englischen Seemacht erzählt. Darauf schrieb er mir, der Seeoffizier wäre mit seinem Urteil wohl allein gestanden, könne sich damit starke Konflikte zuziehen, ja den Verdacht, ein englischer Spion zu sein.

Also wenn ein tapferer U-Bootoffizier seine auf reicher Erfahrung beruhende Ansicht ausspricht, so verdächtigt man ihn. Welche Unreife, Unwahrhaftigkeit, Undankbarkeit. Ich schrieb dies M..«

9. 11. 1918.

»*Revolution*. Ist's Wahrheit? Der Kaiser abgedankt. Der Kronprinz von der Thronfolge zurückgetreten. Der Sozialist Ebert künftiger Reichskanzler. In Frankfurt der Rechtsanwalt S. (ein jüdischer Anwalt) Polizeipräsident. Dabei der Feind vor den Thoren. Ein schwerer Waffenstillstand im Abschluß. Wo endet das? Herr, halte Deine Hand über unser Deutsches Reich und über unser Haus!«

10. 11. 1918.

»Die unblutige Revolution geht weiter. Die Dynastien in Bayern, Württemberg, Hessen, Sachsen, jetzt auch in Preußen sind durch Volksräte abgesetzt. In Frankfurt bisher absolute Ruhe.«

19. 1. 1919.

»Heut Wahlen zur Nationalversammlung. Auf die ausgezeichnete erste Liste der deutschen demokratischen Partei hin (Max Weber, Frl. Dr. Baum, Schwandter usw.) sind wir, Gred und ich, in sie eingetreten. (24 Nationalliberale Abgeordnete hatten vorher das Gleiche getan). Dann kam von Wetzlar eine scheußliche zweite Liste zurück. Darauf zeigte ich der Partei an, daß ich mich an *diese* nicht gebunden fühlte. Als demnächst aber die liberale Volkspartei (nationalliberale) ihre Listen mit rechts (nationale Volkspartei, Zentrum) verband, also sich mit der Reaktion, auch dem Antisemitismus verband, habe ich doch demokratisch gewählt. Gred gleichfalls. Die Parteien machen es einem hier schwer, zu ihnen zu gehen. Aus der ersten Wahlversammlung: Auf der Liste der Delegierten stand eine bekannte Frankfurter Anwältin, die immer männlich gekleidet, in dunklen Kostümen mit Bluse und Schlips einherging; bei der Nennung ihres Namens als Kandidatin rief Hanna B. vom R. unter schallendem Gelächter aus: »Wenn wir nun schon endlich eine Frau wählen sollen, so wollen wir doch keinen Mann wählen!«

11. 3. 1919.

»Ich bin zum Nationalen Bund deutscher Studenten als Förderer eingetreten. Sie behaupten, keiner Partei zuzugehören und haben in ihrem Vorstand einen Juden. Es scheint mir Pflicht, sie durch den Beitritt eines jüdischen Ordinarius von dem Antisemitismus tunlichst fernzuhalten. Zumal sie mich um den ersten Vortrag gebeten haben. Es kam dazu, das erhebende Benehmen ihrer fünf zum Ausmarsch bereiten Vertreter in unserer Professorenversammlung. Das war *echter* Idealismus.«

23. 3. 1919.

»Oben im Taunus Schilder: Défense de passer. Da ist Deutschland zu Ende und Frankreich beginnt. Daß wir das erleben würden, wer hat es erwartet?«

7. 4. 1919.

»Nun auch noch die *Besetzung Frankfurts.* Auf der Eschersheimer Landstraße französische Reiter, am Dornbusch Lager von Marokkanern, bei Justizrat H. ein Oberst zur Einquartierung angemeldet.«

6. 5. 1919.

»Gestern war Sir Thomas Barclay, der Präsident des Institute of International Law in London, erst in der

Universität, dann in unserem Hause bei mir. Er will den jetzigen Stand Deutschlands (the Condition of Germany in this moment) feststellen, ist mit Wilson befreundet und soll ihm berichten. Mit dem Kollegen A. zusammen habe ich ihm von der Not unseres Volkes erzählt, ihm die Preise der Lebensmittel gesagt, die er sich aufschrieb, und unsere Auffassung der Kriegsursachen- und schuld ihm mitgeteilt. Er behauptet, Wilson stehe bei seinen 14 Punkten und werde das im entscheidenden Augenblick noch geltend machen. Wir suchten ihm die Gefahr deutschen Bolschewismus und eines für uns unerfüllbaren Friedens klarzumachen. Anscheinend sah er beides ein. Wilson sei in Paris ›wie der junge unerfahrene Arzt in einem Tollhause‹. Von Europa wisse er wenig.

Barclay ist vor 44 Jahren in Jena zum Doktor promoviert worden. Jetzt, glaube ich, 66 und jung, wie sich eben Engländer halten.

Gred gab uns Apfeltee zu trinken, um unsere Lage zu illustrieren.

15. 6. 1919.

»In Heidelberg, wo L. abgeht, ist, wie er mir schreibt, jeder Jude oder Abkömmling von Juden als Nachfolger ausgeschlossen. Die Fakultät verhält sich absolut ablehnend Juden gegenüber. Das ist die neue Zeit. Nun verschließt sich auch noch das einzige liberale Land der alten Ära, Baden, uns Juden. Es ist zum Verzagen. Aber was ist denn jetzt *nicht* zum Verzweifeln?«

18. Juni 1919.

»Frankfurter Zeitung. Nun liegt der zweite Friedensvorschlag der Entente vor, ihr letztes Wort. Es enthält nur unerhebliche Änderungen gegenüber der ersten Fassung. Wie die Frankfurter Zeitung gestern schrieb, besteht in Frankreich die Ansicht, daß wir letzten Endes unbedingt unterschreiben. Das wäre natürlich der Tod für jeden Abänderungswunsch unsererseits gewesen. Ist an dieser Ansicht die Frankfurter Zeitung unschuldig? Als sie vorigen Freitag (den 13.) den Aufsatz des Prinzen Max von Baden wiedergab, der zur unbedingten Ablehnung der Unterschrift rief, bekämpfte sie ihn. Ideelle Gründe sprächen vielleicht dafür, die realpolitischen aber habe Prinz Max zu leicht genommen usw.; kurz für jeden der zwischen den Zeilen las, plädierten sie *für* Unterzeichnung. Das war ja auch ihr späterer unverhüllter Standpunkt. Wie sehr aber mußte es unsere Unterhändler schwächen, daß sie auf diese Weise den Prinzen Max paralysierte! Unser Zeitungswesen muß zentralisiert und national organisiert werden. Es hängt in solchen Zeiten von einzelnen Redakteuren zuviel ab.«

27. 6. 1919.

»Am 23. Juni abends 9 Uhr leuchteten auf den Taunushöhen vor unserem Hause die Feuer der Franzosen auf zur Feier der vorbehaltlosen Annahme des Friedensvertrages durch unsere Regierung. Heute am

27. Juni $9^{1}/_{2}$ Uhr steigen wieder Raketen auf zum Ausdruck der Freude über die heut Nachmittag erfolgte Unterzeichnung des Friedensinstrumentes in Versailles. So geht der Krieg aus. Warum? Noch suche ich nach der Lösung des qualvollen Rätsels: sind wir so viel schlechter als die Sieger, daß wir unterliegen, *so* unterliegen, ja aller menschlichen Voraussicht nach wirtschaftlich und politisch zu Grunde gehen?

They will be done!«